중력이 뭐야?

신나고 재미있는 이야기 속 물리 요왕

중력이 뭐야?

송은영 글
김영민 그림

여우오줌

이 책을 읽는 어린이에게

　물리는 참 재미가 있답니다. 또 아주 유익하고 중요한 것이기도 하지요. 하지만 그렇게 생각하는 사람들이 별로 많지 않은 것 같아서 섭섭하기도 하네요.

　한번 생각해 보세요. 물리가 정말로 재미 없다면, 아인슈타인이나 갈릴레이, 퀴리 부인 같은 훌륭한 물리학자들이 그렇게 열심히 연구할 수가 있었을까요? 물리가 중요하지 않다면 우리 나라보다 더 잘사는 나라들이 앞다퉈 가며 물리 연구에 어마어마하게 많은 돈을 쓰겠습니까? 절대 그렇지 않을 겁니다.

　물리는 아무리 봐도 어렵기만 한 공식 투성이 학문이 아니라 우리 생활과 떨어질 수 없는 재미있는 학문이에요. 예를 들어, 버스를 타고 가다가 버스가 갑작스럽게 서 버리는 바람에 몸이 넘어질 뻔한 적이 있을 거예요. 이것도 다 물리 법칙 때문이랍니다.

　그리고 우리 대한민국이 세계에서 가장 잘살고 힘 있는 나라가 되는 데도 물리가 꼭 필요하답니다. 반도체, 레이저, 로봇, 최신형 전투기, 우주왕복선, 천체 망원경같이 우리가 첨단 과학이라고 부르는 모든 것이 다 물리 없이는 이루어질 수가 없는 것들이거든요.

그러면 어떻게 해야 할까요? 우리 나라가 세계에서 잘사는 나라가 될 수 있도록 미래의 주인공인 어린이 여러분들이 미리 준비해야겠죠? 그러려면 먼저 물리와 친해져야 할 테고, 다음으로는 물리 지식을 많이 알아야 합니다.

이런 뜻에서 저는 물리를 더욱 재미있고 쉽게 이해할 수 있도록 이 책을 썼답니다.

이 책은 이렇게 이루어져 있어요.

먼저 재미있는 이야기로 시작해서, 거기에서 생각해 볼 수 있는 물리 현상을 지적하고, 그걸 '여기서 잠깐만!' 에서 풀어 보고자 했습니다. 이런 가운데 어린이 여러분은 논리적인 상상력이 부쩍 커지게 되지요.

다음으로 앞에서 이야기한 내용을 올바로 이해했는지 검토해 볼 수 있도록 '혼자서 생각해보기' 를 만들었습니다.

그리고 마지막으로 '하나 더 알기' 를 두어, 앞에서 다 말하지 못한 내용을 더 설명했답니다.

이 세 과정을 거치며 차근차근 읽어 나가다 보면, 여러분은 저절로 물리에 푹 빠지게 될 거예요.

어린이 여러분이 이 책을 읽고 물리에 한층 쉽게 다가갔다면 이보다 더 큰 기쁨은 없을 겁니다.

부모님께 드리는 글

　이 책은 물리 지식을 어린이들에게 좀더 알기 쉽게 전달하는 것이 목적입니다. 또한 우리 어린이들 마음 속 깊은 곳에 숨어 있는 창의적 생각을 이끌어 내는 것도 이 책이 바라는 것입니다.
　무턱대고 아무 생각이나 한다고 해서 창의적인 생각이 길러지는 것은 아니라고 봅니다. 먼저 논리 있고 이치에 마땅한 생각이 뒷받침되어야겠지요.
　"울타리는 통나무로 만든다."
　이건 아주 틀에 박힌 생각이지요. 이렇게 자로 잰 듯한, 자유로운 상상의 여유를 찾아볼 수 없는 지식을 달달 외워 머릿속에 꼭꼭 쌓아 놓은 어린이는 가시 달린 철조망을 생각해 낼 수가 없습니다.
　틀에 박힌 생각만 강요당한 아이들은 오늘 외운 것을 내일 시험지에 그대로 적어 낼 수는 있을지 몰라도, 조금이라도 모습이 바뀐 문제를 만나게 되면 당황해서 곧 포기해 버리고 말지요.
　우리 어른들은 아이들의 머릿속에서 잠자고 있는 창의적 생각을 끝없이 펼쳐 주어야 할 책임과 의무가 있습니다. 그러자면 먼저 부모님이 어떻게 하느냐가 더욱 중요합니다. 아이들과 함께 이 책을 읽으며 과정과 결과를 정답게 이야기하는 것으로 시작해 보는 건 어떨까요.

예를 들어, 아이가 고른 답이 틀렸으면
"왜 이 답을 골랐니?"
라고 물으며, 부모님이 자상하고 꼼꼼한 관심을 보여 주는 게 무엇보다 중요하지요.

이렇게 부모와 아이 사이의 연결이 계속 이어졌을 때, 우리 아이들은 무한한 상상력에 불을 당길 수 있으며, 전에는 감히 엄두도 못 냈던 새로운 발상이 아이들의 머리에 자연스레 떠오를 수 있는 것이지요.

모쪼록 이 책이 이런 뜻에 걸맞게 널리 읽혀져서, 어린이 독자 모두에게 뜻깊은 결과를 가져왔으면 하는 바람입니다.

책이 나오는 기쁨을, 따뜻한 눈길로 늘 저를 지켜봐 주시는 분들과 함께 즐겁게 나누고 싶습니다.

글쓴이 송은영

차례

- 이 책을 읽는 어린이에게　4
- 부모님께 드리는 글　6

1장＿저 쪽에도 누런 게 있어요　11

2장＿뚱녀의 엉덩방아　22

3장＿게임 CD의 주인은 누구일까　33

4장＿쇠 나라, 나무 나라, 종이 나라　42

5장＿돌멩이나 좀 찾아와　55

6장__대포 발사   70

7장__미래로 떨어진 손오공   82

8장__엘리베이터에 탄 사오정과 저팔계   95

9장__공룡이 나타났어요   109

10장__새가 머리에 똥 쌌어요   122

11장__고양이 살려   133

저 쪽에도 누런 게 있어요

옛날 한 마을에 부자가 살고 있었습니다. 그 부자에게는 세 아들이 있었는데, 동네 사람들은 이름 대신 큰아들은 욕심이, 작은아들은 샘이, 막내는 착한이라고 불렀습니다.

부자는 죽기 전에 세 아들을 모아 놓고 유언을 남겼어요.

"똑같은 크기로 집 세 채를 지어서, 한 채씩 공평하게 나누어 갖도록 해라."

하지만 막상 아버지가 돌아가시자, 형들은 아버지의 유언을 따르지 않았습니다. 큰형은 대궐 같은 기와집을 지어서 가졌고, 작은형은 남은 돈을 번듯한 기와집을 짓는 데다 몽땅 털어넣었습니다. 그리고 착한이에게는 하인들을 시켜서 작은 초가집 한 채를 지어 주었을 뿐입니다.

그래도 착한이는 형들을 원망하지 않고, 묵묵히 돼지와 닭을 기르고, 농사를 지으며 착실하게 살았습니다.

그러던 어느 날이었지요. 여느 날처럼 돼지우리 치우는 일을 마친 착한이가 하루 일을 끝내고 우리에서 나오려는데, 갑자기 발 밑이 푹 꺼지는 것 같았습니다. 착한이는 재빨리 발을 옮기려고 했지만, 때는 이미 늦었습니다. 손쓸 새도 없이 아래로 쿵 떨어져 버린 것입니다.

하지만 천만다행이었습니다. 알고 보니 땅이 꺼진 게 아니라 돼지똥이 쌓여 있어서 살짝 가려져 있던 비밀 통로로 미끄러져 내려온 것이었지요.

착한이는 주위를 둘러보았습니다.

"아니!"

이게 웬일인가요! 주변이 온통 황금덩어리로 가득 차 있는 게 아니겠어요?

착한이는 놀라며 이리저리 눈을 돌리고 살펴보았습니다. 저쪽 형들 집 아래에도, 황금덩어리인지 아닌지는 잘 모르겠지만 누런 것이 보였습니다.

자기 혼자서 황금덩어리를 몽땅 차지할 수도 있었지만, 착한 막내는 이 사실을 형들에게 알렸습니다.

착한이의 얘기를 들은 형들은 겉으로는 드러내지 않았지만, 속으로는 좋아서 죽을 것 같았습니다.

'우리 집 아래에도 누런 게 있다고 했겠다? 그렇다면 우리

집에도 땅 밑으로 내려가는 비밀 통로가 있다는 뜻일 텐데, 흐흐흐. 오늘 밤 아무도 모르게 그리로 내려가 봐야지.'

큰형과 작은형은 비밀 통로가 어디 있는지 알아 내려고 집 주변 여기저기를 쿵쾅쿵쾅 발로 찧고 다녔습니다. 그러다 마침내 비밀 통로 속으로 빨려들 듯 쑥 미끄러져 내려가게 되었습니다.

땅 밑에는 동생 말대로 정말 누런 게 잔뜩 쌓여 있었습니다. 하지만 이상하게도 아주 지독한 냄새가 진동했습니다. 무슨 냄새였느냐고요?

바로 똥 냄새였답니다. 착한 막내와는 달리, 욕심 많은 큰형과 작은형은 누런 똥 구덩이 속으로 빠지고 만 것이지요.

✋ 여기서 잠깐만!

착한이가 비밀 통로를 찾지 못했다면, 영원히 황금을 찾지 못했을지도 모릅니다. 착한이는 돼지우리를 치우다가 돼지 똥으로 덮인 비밀 통로 입구에 우연히 서게 되었고, 발 밑이 푹 꺼지면서 아래로 떨어진 것이었지요.

이처럼 발 밑에 튼튼히 디딜 만한 것이 없으면 사람이든 물체든 모두 밑으로 떨어지게 돼 있습니다. 왜 이런 일이 벌어지는 걸까요?

다시 말해, 착한이는 돼지우리 바닥이 푹 꺼졌을 때, 어째서 우리 바닥에 서 있지 못하고 밑으로 떨어진 걸까요? 과학적으로 가장 올바른 이유를 골라 보세요.

㉠ 하늘이 착한 막내에게는 복을 듬뿍 안겨 주고, 나쁜 형들에게는 벌을 주려고 했기 때문입니다.

㉡ 땅 속 깊은 곳에는 악마가 살고 있어서, 착한 사람이든 나쁜 사람이든 가리지 않고 모두 잡아먹으려고 하기 때문입니다.

㉢ 눈에 보이지 않는 물리적인 힘이 착한이 몸에 작용했기 때문입니다.

㉣ 모든 물질은 땅으로 다시 돌아가려는 성질이 있기 때문입니다.

㉤ 돼지우리 바닥이 치우지 않은 미끌미끌한 똥으로 가득했기 때문입니다.

❓ 궁금증 해결

물체를 움직이게 하려면 물체에 힘을 가해야 합니다. 예를 들어, 가만히 있는 축구공을 움직이게 하려면 발로 찬다든가, 손으로 민다든가, 아니면 야구 방망이로 때린다든가 하는 힘을 주어야 하지요.

그런데 힘은 꼭 사람의 근육이나 기계를 이용할 때만 나타나는 것이 아닙니다. 우리 눈에는 보이지 않는 힘도 있답니다. 예를 들어, 눈에는 보이지 않는 자석의 힘으로 철로 위를 붕 떠서 달리는 자기 부상 열차가 있습니다.

그렇다면 이런 추측을 해 볼 수가 있지요.

'착한이네 삼형제가 비밀 통로 아래로 미끄러져 내려간 이유도 눈에 보이지 않는 어떤 힘을 받았기 때문이 아닐까?'

그렇습니다. 올바른 추측입니다.

그렇다면 그 힘이란 어떤 힘일까요? 자석의 힘일까요, 아니면 전기의 힘일까요? 아닙니다. 착한이를 돼지우리 밑으로 빠지게 한 힘은 자석의 힘도, 전기의 힘도 아니랍니다.

바로 '중력'이라고 하는 힘입니다. 중력은 지구가 물체를 잡아당기는 힘을 말합니다. 이 힘 때문에 지구의 모든 생물과 무생물이 지구 밖으로 튀어 나가지 않고 지구에 착 달라붙어 있을 수가 있지요.

지구에 중력이 없다면, 지구 밖으로 다 도망쳐 나가 버려서 지구에는 단 한 사람도 있을 수가 없고, 짐승 한 마리도, 돌멩이 한 개도 있을 수 없습니다.

정답은 ㉢입니다.

혼자서 생각해보기

오늘은 착한이네 마을 어귀에서 오일장이 열리는 날입니다. 가까운 마을 사람들이 너도나도 장터로 몰려들어 북적북적합니다.

특히 장터 한쪽에 자리를 잡은 커다란 천막 속에는 흥겨운 분위기가 가득합니다. 장날에 맞추어서 곡예단이 들어왔기 때문이지요.

오늘의 마지막 공연은 광대가 공을 타고 비탈을 내려오는 것입니다. 알록달록한 옷을 입고 얼굴에 이상한 화장을 한 광대가 우스꽝스러운 동작으로 지름이 1m는 됨직한 고무공 위에 올라서 있습니다.

아찔아찔 숨막히는 긴장감이 천막 안을 휘감고 있습니다. 광대의 발이 요란스럽게 앞뒤로 움직이고, 공은 광대의 능숙한 발놀림에 따라 숨가쁘게 비탈을 내려오고 있습니다.

광대가 올라서 있는 공에 작용하는 중력의 방향은 어느 쪽일까요?

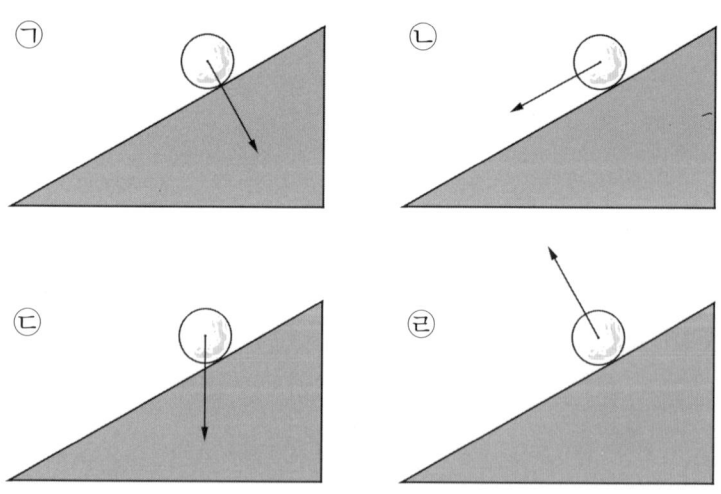

❓ 궁금증 해결

중력을 알았으니, 중력이 어느 방향으로 작용하는지 생각해 보는 것은 당연하겠죠?

비탈에 놓여 있거나 머물러 있는 물체에 작용하는 중력의 방향을 착각하는 사람들이 많습니다. 다시 말해, 중력이 작용하는 방향을 비탈과 수직인 방향(㉠)이나 평행한 방향(㉡)으로 잘못 생각하고 있지요.

중력이 어떤 힘인가요? 그렇습니다. 지구가 물체를 잡아당기는 힘입니다. 그러므로 중력이 작용하는 방향은 지구의 중심 방향이어야 합니다.

따라서 비탈에 놓인 공에 작용하는 중력의 방향은 지구의 중심 쪽인 ㉢이 되는 것입니다. 물론 평평한 바닥이라면 중력은 땅과 수직인 방향으로 작용하겠지요.

정답은 ㉢입니다.

➕ 하나 더 알기

들고 있던 물체를 손에서 놓으면 땅으로 떨어집니다. 또한 비탈에 올려 놓은 유리구슬은 자연히 아래로 스르르 굴러 내

려옵니다.

이것은 앞에서 배웠듯이 지구가 물체를 잡아당기기 때문인데, 이런 과학 현상을 처음으로 밝힌 사람이 17세기 영국의 물리학자 뉴턴입니다.

뉴턴은 더 나아가, 모든 물체 사이에는 서로 잡아당기는 힘이 있다는 놀라운 사실을 발견하기도 했습니다. 이것이 바로 그 유명한 '만유인력의 법칙'입니다.

만유인력의 법칙을 따르면, 지구만이 물체를 끌어당기는 것이 아니라 물체도 지구를 잡아당기고 있는 것이지요.

뚱녀의 엉덩방아

　유진이네 반 친구 뚱녀는 여학생 가운데에서 가장 뚱뚱하고, 뚱보는 남학생 가운데에서 가장 뚱뚱하답니다. 그래서 이름보다는 한뚱녀, 이뚱보라는 별명으로 더 잘 통하지요.
　뚱녀와 뚱보는 같은 반이면서, 같은 과학 동아리 회원이기도 합니다. 게다가 다른 친구들은 다이어트를 한다며 밥을 굶기 일쑤인데, 이 아이들은 자기들이 뚱뚱하다는 사실을 전혀 부끄러워하지 않고 오히려 은근히 내세운다는 것까지 비슷하답니다. 둘은 사이가 아주 좋아서 그것만큼은 다른 친구들이 모두 부러워할 정도지요.
　어느 맑은 봄날이었습니다. 뚱녀와 뚱보네 학교 전교생이 선생님들과 함께 버스를 타고 가까운 산으로 소풍을 가고 있었습니다.
　그런데 이 날따라 그렇게도 사이가 좋던 뚱보와 뚱녀가 버스 안에서 투닥투닥 말다툼을 벌이고 있지 않겠어요? 뒷자리에 앉아 있던 반장 유진이가 왜 다투는지를 물었습니다.

"한뚱녀, 이뚱보, 너희들처럼 사이 좋은 애들이 웬일로 말다툼을 다 하니? 무슨 일인데 그래?"

뚱녀의 입에서 나온 대답은 너무도 어처구니가 없었습니다. 뚱녀의 대답은 이랬습니다.

"글쎄, 뚱보가 나보다 몸무게가 더 많이 나간다고 자꾸만 우기잖아. 그러니 내가 그 말을 듣고 자존심이 상하지 않을 수 있겠니?"

유진이는 하도 어이가 없어서 멀뚱히 뚱녀 얼굴만 쳐다볼 뿐이었습니다.

'어휴, 몸무게 많이 나가는 게 무슨 자랑이라구. 정말 알다가도 모를 일이야.'

유진이는 속으로 이런 생각을 하면서도 겉으로는 아무런 내색을 하지 않았습니다. 그랬다가 뚱녀가 그 거대한 팔뚝을 날린다면, 어디 한 군데 시퍼렇게 멍이 들지도 모를 일이잖아요.

유진이는 뚱녀와 뚱보의 싸움을 말릴 수 있는 방법을 곰곰이 생각해 보았습니다.

'어떻게 해결할까? 음…… 뚱녀가 정말 뚱보보다 더 무거

운지를 밝혀 주는 수밖에 없겠군.'

유진이는 이렇게 결정하고, 뚱녀와 뚱보에게 말했습니다.

"알았어. 내가 너희들 가운데 누가 더 무거운지 가려 내 줄게. 그러니 버스 안에선 싸우지 마."

그러자 뚱보가 물었습니다.

"어떻게 가릴 건데?"

유진이는 어떻게든 둘의 말다툼을 잠재우려고 이렇게 대답했습니다.

"그건 내가 알아서 할 테니까, 조금만 기다려. 버스에서 내리면 방법이 있을 거야."

뚱보와 뚱녀는 서로 등을 돌린 채 입을 꾹 다물었습니다.

이윽고 버스가 산 입구에 도착하자, 모두들 내렸습니다. 산에 저울이 있을 리는 없겠죠. 유진이는 어떻게 해야 좋을지 궁리했지만, 좋은 생각이 떠오르지 않았습니다.

그러던 유진이 눈에 이상하게 생긴 나무가 들어왔습니다. 굵은 가지 하나가 옆으로 뻗어 나온 나무였습니다.

'그래, 바로 저거야!'

유진이는 뚱보와 뚱녀를 불렀습니다.

"뚱보야, 너 이 나뭇가지에 매달려 봐. 남자 아이들은 뚱보가 나뭇가지를 잡을 수 있도록 좀 받쳐 줄래?"

이뚱보와 한뚱녀가 몸무게 대결을 한다니까, 같은 반 친구들은 물론이고 옆반 아이들까지 신이 나서 우르르 모여들었습니다.

남학생 세 명이 기마전을 할 때처럼 모양새를 갖추어 끙끙거리며 뚱보를 태워 올렸습니다. 뚱보가 나뭇가지에 매달리자, 아니나다를까 무게를 이기지 못한 나뭇가지가 휘청거리며 아래로 축 늘어졌습니다.

"와!"

아이들 모두 놀라서 함성을 질렀습니다. 유진이는 나뭇가지가 휘어져 내려온 끝의 높이를 빨강 분필로 나무에다 살짝 표시했습니다.

뚱보가 게임은 해 보나마나라는 식으로 어깨를 으쓱해 보이며 나무에서 뛰어내렸습니다. 그러자 이번에는 여학생 일곱이 있는 힘을 다해 뚱녀가 나뭇가지를 잡을 수 있도록 받쳐 주었습니다.

긴장되는 순간입니다. 그 곳에 모인 남학생과 여학생들 눈길은 온통 뚱녀가 잡은 나뭇가지로 쏠렸습니다.

뚱보가 잡았던 바로 그 나뭇가지를 뚱녀가 잡았습니다. 그러자 나뭇가지는 뚱보가 매달렸을 때보다 더 많이 휘어졌습니다.

"와! 와! 뚱녀가 더 무겁다."

여학생들은 그렇게 소리치며 뚱녀의 승리를 축하해 주었습니다.

곧바로 유진이가 판정을 내렸습니다.

"뚱녀가 더 무거운 게 확실해. 뚱녀가 이겼다!"

기분이 좋아진 뚱녀는 나무에 매달린 채, 그네를 타듯 몸을 앞뒤로 흔들었습니다.

그런데 이게 웬일입니까. 나뭇가지가 크게 출렁거리는가 싶더니, 이윽고 '뿌지직' 하는 소리가 나는 게 아니겠어요?

"앗, 나무가 부러진다!"

아이들이 뚱녀를 불안스럽게 바라보며 외쳤고, 그 소리에 놀란 뚱녀는 꺾어진 나뭇가지와 함께 떨어지면서 땅바닥에 '쿵' 엉덩방아를 찧었습니다. 워낙 무거운 몸이 땅바닥과 부딪친 탓에, 쿵 소리 또한 만만치가 않았습니다. 뚱녀가 떨어진 땅에는 엉덩이 자국까지 났습니다. 뚱녀의 얼굴이 그제서야 홍당무처럼 빨갛게 물들었습니다.

그 때 담임 선생님이 나타나셨고, 뚱녀와 뚱보와 유진이는 선생님께 꾸중을 들었습니다. 비록 사고는 나지 않았지만 위험한 짓을 했고, 또 나뭇가지를 부러뜨렸으니 자연 보호에 어긋난 행동이었기 때문이지요.

여기서 잠깐만!

자, 우리는 뚱보보다 뚱녀가 더 무겁다는 걸 알았습니다.

그렇다면 두 사람의 몸무게가 다른 까닭은 무엇일까요? 뚱보와 뚱녀의 무엇이 다르기 때문인지, 과학적으로 가장 올바르게 설명한 것을 골라 보세요.

㉠ 뚱녀의 생일이 뚱보보다 빠르기 때문입니다.
㉡ 뚱녀는 서울 출신이고, 뚱보는 시골에서 전학 왔기 때문입니다.
㉢ 뚱녀가 마음 속으로 기도를 했기 때문입니다.
㉣ 뚱녀의 엉덩이에는 지방이 많기 때문입니다.
㉤ 뚱녀와 뚱보의 부피와 밀도가 다르기 때문입니다.

궁금증 해결

우리는 앞에서 중력이란 지구가 물체를 끌어당기는 힘이라고 배웠습니다. 중력이 물체를 잡아당겼을 때, 물체의 무게가 생깁니다. 다시 말해, 저울에 올라갔을 때 나타나는 몸무게가 바로 중력이 잡아당기는 힘인 것이지요.

그러니 무게는 사람마다 당연히 다를 테고, 또한 물체마다

분명히 다를 것입니다. 쉬운 예로, 돌멩이와 연필을 저울에 올려 보면, 무게가 다르다는 걸 금방 알 수가 있습니다.

그렇다면 물체에 작용하는 지구의 중력, 다시 말해 무게가 왜 다른 걸까요?

그건 물체의 두 가지 성질 때문입니다. 그 두 가지 성질이란 바로 '밀도'와 '부피'입니다.

밀도는 물체의 내용이 얼마나 빽빽한가를 나타내는 양이고, 부피는 물체의 겉모습이 얼마나 큰가를 뜻하는 양입니다.

물론 이 두 가지의 값이 모두 크면 당연히 무거워지지요. 다시 말해서, 밀도가 크고(속이 꽉 차 있고), 부피도

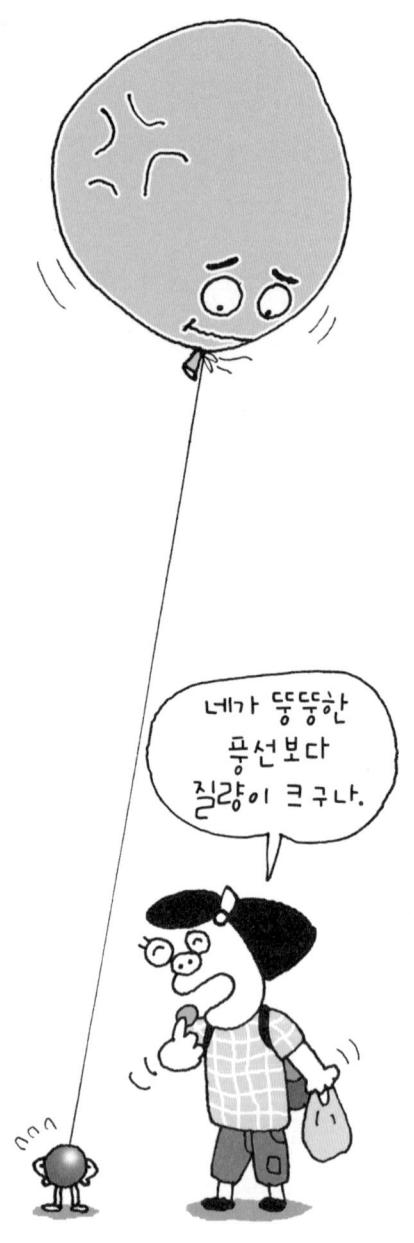

큰(크기가 큰) 물체는 당연히 무겁게 마련입니다.

하지만 밀도는 커도 부피가 작거나(작은 쇠구슬), 부피는 큰데 밀도가 작은(수소를 넣어 부풀린 풍선) 물체는 가벼울 수도 있고 무거울 수도 있습니다.

그렇기 때문에 물체의 무게를 생각할 때에는 반드시 이 두 가지를 함께 생각해야 하지요.

이 두 가지 성질, 다시 말해 밀도와 부피를 곱한 양을 그 물체의 '질량'이라고 합니다. 질량이란 시간이 흐르거나 장소가 바뀌었다고 해서 변하지 않는 양입니다.

그러니 이 이야기의 정답을 지금 우리가 배운 방식대로 다시 풀어서 말하면, '똥녀와 똥보의 질량이 다르기 때문'입니다. 다시 말해 똥녀의 질량이 똥보의 질량보다 크기 때문이지요.

정답은 ㉢입니다.

😊 혼자서 생각해보기

크기와 모양이 똑같은 쇠공과 나무공을 똥녀와 똥보가 하나씩 들고 있습니다.

똥녀는 쇠공을, 똥보는 나무공을 저울에 달았습니다. 그랬더니 쇠공의 무게가 훨씬 많이 나갔습니다.

쇠공의 어떤 점이 나무공보다 더 크기 때문일까요?

㉠ 면적

㉡ 매끈매끈한 정도

㉢ 둘레

㉣ 밀도

㉤ 미끌미끌한 정도

? 궁금증 해결

쇠공과 나무공의 크기와 모양이 똑같다는 것은 면적과 둘레가 똑같다는 뜻이지요. 그러니 면적과 둘레는 답이 될 수가 없습니다.

매끈매끈한 정도와 미끌미끌한 정도는 무게에 영향을 주지 않습니다. 다시 말해서, 매끈하거나 미끄럽다고 해서 무게가 더 무겁거나 가벼워지는 건 아니지요.

앞에서 배운 것처럼, 물체의 무게를 가늠하는 것은 밀도와 부피입니다. 그런데 여기서는 부피가 같다고 했으니까(크기와 모양이 같다고 했으니까) 남은 것은 밀도입니다. 다시 말해, 쇠공의 밀도가 나무공보다 크기 때문에 쇠공이 더 무거운 것이랍니다.

참고로, 과학자들은 물의 밀도를 1로 정했습니다. 나무의 밀도는 1보다 작고, 쇠의 밀도는 1보다 큽니다. 그래서 나무는 물에 뜨고, 쇠는 가라앉는 것이랍니다.

정답은 ㉣입니다.

+1 하나 더 알기

뚱녀나 뚱보가 커다란 쇠공을 가지고 달에 갔다고 칩시다. 지구에서는 끙끙거리며 겨우겨우 들어올릴 수 있는 커다란 쇠공이지만, 달에서는 그다지 어렵지 않게 들어올릴 수 있습니다.

달에서는 지구보다 무게가 훨씬 가벼워지기 때문이지요. 그 까닭이 뭘까요?

그것은 달의 중력이 지구의 중력보다 훨씬 약하기 때문이지요. 달 표면의 중력은 지구의 6분의 1 정도랍니다.

그러니까 지구에서 몸무게가 54kg중인 사람이 달에 가서 몸무게를 재면, 6분의 1쯤 가벼워져서 9kg중 정도가 되는 것이지요.

이처럼 같은 물체라도 장소에 따라 중력이 다르기 때문에,

무게가 조금씩 다르게 나타난답니다.

또한 지구에서도 장소에 따라 중력이 조금씩 다릅니다. 예를 들어, 적도보다 극지방이 더 중력이 크답니다.

게임 CD의 주인은 누구일까

   덜렁이, 도단이, 기동이는 같은 반에서 공부하는 친한 친구 사이입니다. 얼마나 친한지 지금까지 단 한 번도 서로 떨어져서 학교에 가거나 집에 온 적이 없을 정도랍니다.
   7월의 어느 날이었습니다. 지난 며칠 동안 폭우가 내려서 강둑이 무너지고 수재민이 많이 생겼습니다.
   학교에서 수업을 마치고 집으로 오던 덜렁이, 도단이, 기동이는 축대 복구 작업이 한창인 곳을 지나게 되었습니다. 모든 일에 꼼꼼하지 못한 덜렁이가 이 날따라 축대 복구 작업을 열심히 지켜보고 있었어요. 도단이와 기동이는 곧 그 까닭을 알아차렸습니다. 축대 밑으로 덜렁이가 은근히 좋아하는 같은 반 영심이가 지나가고 있었거든요.
   덜렁이 못지않게 속으로 영심이를 좋아하는 도단이와 기동이도 뒤질세라 덜렁이의 눈길이 가 있는 곳으로 눈을 돌렸습니다.

그 때였습니다. 공사장 옆에 나란히 설치돼 있는 세 개의 비탈을 따라서 뜯지도 않은 시멘트 포대가 영심이 쪽으로 미끄러져 내려오고 있는 것이 아니겠어요?

"앗, 위험해!"

약속이나 한 듯이 세 사람은 똑같이 소리쳤습니다. 그러고는 누가 먼저랄 것도 없이 시멘트가 미끄러져 내려오고 있는 세 비탈을 향해 급히 달려가서, 시멘트가 떨어지지 않도록 젖 먹던 힘까지 다 쏟아 부으며 위로 힘껏 밀어 올렸습니다. 덕분에 영심이는 재빨리 그 자리를 피할 수가 있었지요.

세 친구의 도움이 없었다면 영심이는 그 날 시멘트 포대에 깔려서 크게 다칠 뻔했습니다. 영심이는 세 친구가 너무나 고마웠습니다. 그래서 고마움에 조금이라도 보답하려고 용돈을 모아서 산 최신 인기 가요 CD를 주기로 하고, 가방 속에서 CD를 꺼냈습니다.

그런데 문제가 생겼습니다. 가요 CD가 두 장밖에 없는 것이었습니다. 생각 끝에 영심이는 요즘 최고로 유행하고 있는 정품 컴퓨터 게임 CD까지 내놓기로 했습니다.

하지만 여전히 문제는 해결되지 않았습니다. 왜냐고요? 서로가 컴퓨터 게임 CD를 갖겠다고 우겼거든요.

고마움을 표현하려다가 세 친구를 다투게 만들어 버렸으니 영심이는 곤란해졌습니다.

'누구에게 컴퓨터 게임 CD를 주지?'

곰곰이 생각에 잠겨 있던 영심이가 곧 해결책을 찾아 냈습니다.

'그래, 힘을 가장 많이 쓴 친구에게 주기로 하자.'

영심이는 세 친구가 시멘트를 밀어 올렸던 비탈을 자세히 살펴보았습니다. 그랬더니 기울기가 다 달랐습니다.

덜렁이가 밀어 올린 비탈은 60도 각도로 기울어져 있었고, 도단이가 밀어 올린 비탈은 45도 각도로 기울어져 있었으며, 기동이가 밀어 올린 비탈은 30도 각도로 기울어져 있었던 것이지요.

여기서 잠깐만!

자, 그러면 어떤 사람이 가장 많은 힘을 썼을까요? 다시 말해 컴퓨터 게임 CD를 차지할 수 있는 친구는 누구일까요?

㉠ 덜렁입니다.

㉡ 도단입니다.

㉢ 기동입니다.

㉣ 세 친구 모두 같은 힘을 썼기 때문에, 누구도 게임 CD 를 가질 수는 없습니다.
㉤ 비탈의 기울어진 각도만으로는 누가 가장 힘을 많이 썼 는지 알 수가 없습니다.

❓ 궁금증 해결

비탈에서 미끄러져 내려오는 물체가 더 이상 내려오지 못하도록 하려면 물체가 내려오는 방향의 반대쪽에서 힘을 주어야 합니다.

그런데 물체에 가해지는 힘은 비탈이 얼마나 기울어졌느냐에 따라서 다르답니다.

다시 말해, 비탈이 30도로 기울어졌느냐, 45도로 기울어졌느냐, 60도로 기울어졌느냐에 따라서 물체에 가하는 힘이 달라지는 것이지요.

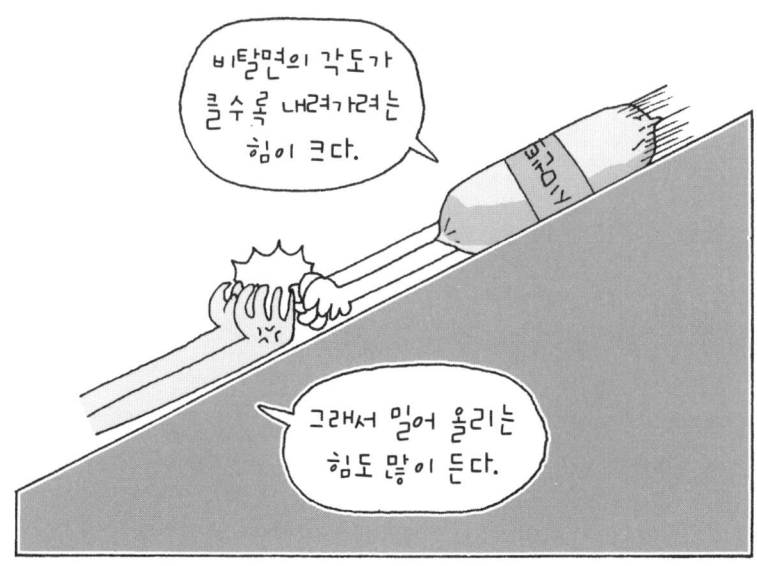

왜 그럴까요? 그것은 비탈의 기울기가 클수록 물체가 미끄러져 내려오는 힘이 더욱 커지기 때문입니다. 그래서 물체가 미끄러지지 못하게 하려면 비탈이 많이 기울어져 있을수록 더 힘을 많이 주어야 합니다.

그러므로 기울기가 가장 큰 비탈을 맡은 덜렁이가 가장 힘을 많이 쓴 것이지요.

그렇다면 컴퓨터 게임 CD는 덜렁이가 차지하는 것이 당연하겠지요.

정답은 ㉠입니다.

혼자서 생각해보기

비탈과 관련된 문제입니다. 그다지 어렵지 않으니 잘 생각해 보세요.

마찰이 없는 비탈에 벽돌 한 개가 놓여 있습니다. 이 때 덜렁이가 비탈의 한쪽을 서서히 들어올리면, 벽돌이 미끄러져 내려가려는 힘은 어떻게 변할까요?

㉠ 끝없이 계속 커지게 됩니다.
㉡ 처음과 똑같습니다.
㉢ 벽돌의 무게와 똑같아질 때까지 커지게 됩니다.

㉣ 벽돌의 무게가 영(0)이 될 때까지 작아지게 됩니다.
㉤ 비탈을 들어올리는 사람의 몸무게가 얼마인가에 따라서 달라집니다.

궁금증 해결

비탈이 기울면 기울수록 벽돌이 미끄러져 내려가려는 힘은 커지게 됩니다. 하지만 비탈이 기울어지는 데에는 한계가 있습니다.

비탈의 각도가 수직(90도)이 되면 벽돌이 미끄러지지 않고 곧바로 떨어져 버리기 때문입니다. 다시 말해, 벽돌 무게만큼의 힘으로 뚝 떨어져 버리지요.

〈뚱녀의 엉덩방아〉에서 나무에 매달린 뚱녀가 떨어지지 않도록 떠받들어 주려면 적어도 얼마만큼의 힘으로 받쳐야 할까요?

그렇습니다. 아무리 작게 힘을 쓴다고 해도, 뚱녀의 몸무게와 똑같은 힘으로 받쳐야 합니다.

이와 마찬가지로, 벽돌이 떨어지는 순간 벽돌이 떨어지지 못하도록 떠받치려면 힘이 얼마나 필요할까요? 그렇지요. 벽돌 무게와 같은 힘이어야겠지요.

그래서 벽돌이 미끄러져 내려가려는 힘은 벽돌 무게와 똑같아질 때까지 커지게 되는 것입니다.

정답은 ⓒ입니다.

🔋 하나 더 알기

질량의 단위는 킬로그램(kg)이나 그램(g)을 사용합니다. 그리고 여기에 '중'이란 단위를 붙이면 무게의 단위가 된답니다. 이렇게 말이지요.

질량의 단위: 킬로그램(kg), 그램(g)
무게의 단위: 킬로그램중(kg중), 그램중(g중)

무게는 중력이 작용해서 생긴 힘이기 때문에, 중력을 발견한 물리학자 뉴턴의 이름을 따서 '뉴턴(N)'이라는 단위를 사용하기도 합니다.

1kg중은 약 10N(정확히는 9.8N)에 해당하는 힘입니다.

쇠 나라, 나무 나라, 종이 나라

쇠 나라, 나무 나라, 종이 나라는 서로 이웃해 있는 나라입니다.

이 세 나라 가운데 쇠 나라의 힘이 가장 세답니다. 쇠 나라에는 쇠로 만든 여러 무기들이 많이 준비돼 있기 때문이지요. 그래서 쇠 나라의 왕은 나무 나라와 종이 나라의 왕을 신하로 만들어야겠다고 마음먹었습니다. 그러고는 나무 나라와 종이 나라의 왕을 자기 나라로 불러들였습니다.

쇠 나라 왕이 뽐내며 말했습니다.

"쇠보다 더 단단하고 무거운 것은 없을 겁니다."

그러자 나무 나라 왕이 반박하듯 말했습니다.

"나무가 쇠보다 단단하지도 무겁지도 않은 것은 사실이지요. 하지만 나무는 쉽게 조각할 수 있다는 장점을 갖고 있습니다."

나무 나라 왕이 기죽지 않고 쇠 나라 왕 앞에서 소신 있게 말하자, 잠자코 있던 종이 나라 왕도 이에 질세라 한마디 했습니다.

"종이는 쇠만큼 무겁지도 않고 나무처럼 쉽게 조각할 수도 없지요. 하지만 종이는 넓게 펼칠 수 있으며, 글을 적을 수 있는 매우 좋은 점을 가지고 있지요."

이처럼 세 나라 왕들은 남의 나라 물건의 좋은 점을 칭찬해 주면서도, 결국에는 자기네 나라에서 만드는 것이 가장 훌륭하다고 자랑했습니다.

그러자 말로는 더 이상 나무 나라와 종이 나라 왕을 굴복시킬 수가 없겠다고 생각한 쇠 나라 왕이 한 가지 제안을 했습니다.

"그렇다면 어느 나라의 것이 가장 훌륭한지 공정한 내기로 판가름 내는 것이 어떨까요?"

"좋습니다. 그렇게 하지요."

나무 나라와 종이 나라 왕은 기꺼이 찬성한다는 뜻을 나타냈습니다. 대답이 떨어지기가 무섭게, 쇠 나라 왕은 기다렸다는 듯이 미리 생각해 두었던 내기를 제안했습니다.

"이 성의 제일 높은 곳으로 올라가서 각자 자기 나라에서 만들어 온 공을 떨어뜨리기로 합시다. 다시 말해, 쇠공, 나무공, 종이공을 동시에 떨어뜨려서 가장 빨리 떨어진 공을 만든 나라가 이긴 것으로 합시다."

그러자 나무 나라 왕이 즉각 반기를 들었습니다.

"아니, 이건 너무 불공정합니다!"

나무 나라 왕의 항의는 당연한 듯 보였습니다. 가장 무거운 쇠공이 가장 먼저 떨어지리라는 생각 때문이었지요.

하지만 책을 많이 읽어서 아는 것이 많은 종이 나라 왕은 빙긋이 웃으며 쇠 나라 왕의 제안을 기꺼이 받아들였습니다.

"좋습니다. 쇠 나라 왕의 제안에 따르겠습니다. 하지만 이 내기에서 쇠 나라가 이기지 못한다면 앞으로 절대로 나무 나라와 종이 나라를 괴롭혀서는 안 됩니다."

자신만만한 쇠 나라 왕은 흔쾌히 승낙했습니다. 그러고는 속으로 이렇게 생각했지요.

'흠, 이놈들 잘 걸려들었구나. 쇠공, 나무공, 종이공 가운데에서 가장 무거운 것이 쇠공이니, 가장 빨리 떨어질 것은 너무나도 당연해. 내기가 끝나면 두 놈들 모두 콧대가 납작해지겠지.'

나무 나라 왕은 아주 불만이었지만, 쇠 나라 왕이 무서운데다가 종이 나라 왕이 이 내기를 하겠다고 해 버렸으니 울며 겨자 먹기로 내기에 응할 수밖에 없었습니다.

세 나라의 왕들은 쇠 나라에서 가장 높은 성벽으로 올라갔습니다. 성벽 아래에는 각 나라에서 온 신하들과 백성들이 모여들었습니다. 잠시 동안 숨이 막힐 듯한 침묵이 흘렀습니다.

"땅!"

심판관의 딱총 소리와 함께, 이들 손에 쥐어져 있던 공이 동시에 떨어졌습니다. 왕들뿐만이 아니라, 성벽 아래에서 지켜보고 있는 각 나라의 백성들도 자기네 나라 공이 가장 먼저 떨어지기를 간절히 바라면서, 초조한 눈빛으로 공이 떨어지는 모습을 지켜보고 있었습니다.

여기서 잠깐만!

세 나라의 흥망이 걸린 이 흥미진진한 내기의 결과는 과연 어떻게 됐을까요?

㉠ 쇠공이 가장 먼저 떨어졌습니다.

㉡ 나무공이 가장 먼저 떨어졌습니다.

㉢ 종이공이 가장 먼저 떨어졌습니다.

㉣ 모두 동시에 떨어졌습니다.

㉤ 나무공과 종이공이 동시에 떨어졌습니다.

❓ 궁금증 해결

　답을 말하기에 앞서, 그 다음 이야기가 어떻게 진행됐는지를 먼저 볼까요?

　그렇습니다. 마침내 공은 땅바닥에 떨어졌고, '쿵' 하는 소리가 들렸습니다. 그런데 웬일인지 땅에 떨어지는 소리가 단 한 번밖에 들리지 않았습니다.

　당연히 공이 땅에 부딪치는 소리가 세 번 들릴 것이라고 생각했던 쇠 나라 왕과 나무 나라 왕은 영문을 몰랐습니다. 그런데 종이 나라 왕만은 여유로운 얼굴로 빙그레 웃고 있었습니다.

　그 때 성 아래에 있던 심판관이 황급히 성벽으로 올라왔습니다.

　"이보게 심판관, 쇠공, 나무공, 종이공, 이렇게 세 개를 떨어뜨렸는데 땅에 부딪치는 소리는 딱 한 번밖에 들리지 않았으니, 도대체 이게 어찌 된 일인가?"

　쇠 나라 왕이 체면도 잊고 대뜸 물어 보았습니다.

　"그것이…… 그것이 말이옵니다……."

　심판관이 말을 머뭇거리자, 쇠 나라 왕이 대답을 재촉했습니다.

"답답하도다! 왜 그리 말을 못 하고 있느냐, 빨리 대답해 보거라!"

그러자 심판관이 당황한 얼굴로 대답했습니다.

"공 세 개가 모두 똑같이 떨어졌사옵니다."

심판관의 말을 들은 쇠 나라 왕은 무엇에 홀린 사람처럼 멍한 표정으로 종이 나라 왕의 얼굴을 쳐다보다가 그만 그 자리에 털썩 주저앉고 말았습니다.

잠시 후 쇠 나라 왕이 도저히 믿을 수 없다는 듯이 심판관에게 호령했습니다.

"분명히 공의 무게가 똑같지 않은데, 어찌 해서 모두 똑같이 떨어질 수가 있단 말이냐?"

심판관은 어쩔 줄 몰라했습니다.

"그건 저로서도 어떻게……."

그러자 빙그레 웃고 있던 종이 나라 왕이 심판관의 말을 막으며 입을 열었습니다.

"제가 말씀드리지요."

종이 나라 왕이 신하에게 명령했습니다.

"나가서 조약돌 열 개와 그 조약돌 열 개의 무게와 똑같은 돌멩이 하나를 마련해 오도록 하라."

쇠 나라와 나무 나라의 왕은 영문을 모른 채 종이 나라 왕이 하는 대로 그냥 지켜보고만 있었지요.

곧 종이 나라 왕의 주문대로 조약돌 열 개와 돌멩이 하나가 앞에 대령했습니다.

종이 나라 왕은 한 손에는 돌멩이를, 그리고 다른 손에는 조약돌을 들고 두 왕에게 물었습니다.

"조약돌 한 개와 돌멩이 한 개를 동시에 떨어뜨리면 어떤 것이 먼저 떨어지리라 생각하십니까?"

종이 나라 왕의 물음이 떨어지자마자, 쇠 나라 왕이 당연하다는 듯이 말했습니다.

"돌멩이가 조약돌보다 훨씬 무거우니까, 당연히 돌멩이가 먼저 떨어지겠지요."

그러자 종이 나라 왕이 이번엔 조약돌 열 개를 한 손에 들고 다시 물었습니다.

"이 조약돌 열 개와 돌멩이 한 개는 무게가 똑같습니다. 제가 조약돌 열 개와 돌멩이 한 개를 동시에 떨어뜨리면 어느 쪽이 먼저 떨어지겠습니까?"

"무게가 같으니까, 동시에 떨어지겠지요."

이번엔 나무 나라 왕이 대답했습니다.

종이 나라 왕은 웃음 띤 얼굴로 다시 물었습니다.

"그렇다면 조약돌 한 개를 떨어뜨릴 때보다 조약돌 열 개를 떨어뜨릴 때가 더 빨리 떨어진다는 말씀입니까?"

"……."

쇠 나라와 나무 나라 왕은 말을 못한 채 서로 얼굴만 쳐다볼 뿐이었습니다.

"그럴 수는 없겠죠. 만약 그 말이 옳다면, 조약돌을 천 개쯤 떨어뜨린다면 무시무시하게 빠른 속력으로 떨어져야 할 테니까요."

종이 나라 왕의 대답이 끝나자, 쇠 나라 왕과 나무 나라 왕은 멍한 얼굴로 그저 종이 나라 왕을 쳐다볼 뿐이었습니다.

그렇습니다. 무거운 공과 가벼운 공을 동시에 떨어뜨리면, 무거운 공이 가벼운 공보다 땅에 충격을 더 크게 주는 것은 사실입니다. 하지만 떨어지는 데 걸리는 시간은 똑같답니다. 다시 말해, 동시에 떨어뜨리면 동시에 땅에 떨어집니다.

그래서 정답은 ㉣입니다.

혼자서 생각해보기

(1) 쇠 나라 왕과 새털 나라 왕이 성벽에 올라갔습니다. 쇠 나라 왕은 쇠공을, 새털 나라 왕은 새털을 들고 있다가 같은 높이에서 동시에 떨어뜨렸습니다.

어떤 것이 먼저 땅에 떨어질까요?

㉠ 쇠공이 먼저 떨어집니다.

㉡ 새털이 먼저 떨어집니다.

㉢ 동시에 떨어집니다.

㉣ 알 수가 없습니다.

㉤ 쇠공과 새털을 떨어뜨리는 사람이 누구냐에 따라서 결과가 달라집니다.

궁금증 해결

정답은 ㉠입니다. 이유가 궁금하죠? 얼른 다음 문제를 읽어 보세요.

(2) 우리는 쇠 나라, 나무 나라, 종이 나라의 내기에서, 동시에 떨어뜨리기만 하면 무거운 물체나 가벼운 물체나 동시에 떨어진다고 배웠습니다.

이것은 틀림없는 사실입니다. 물리학자 갈릴레이가 그 유명한 피사의 사탑에서 실험으로 증명한 사실이니까요.

그런데 앞의 '혼자서 생각해보기'(1)에서는 동시에 떨어뜨렸는데도 쇠공보다 새털이 늦게 떨어진다고 했습니다.

왜 그럴까요?

㉠ 새털은 부드럽기 때문입니다.

㉡ 새털은 가볍기 때문입니다.

㉢ 공기의 저항 때문입니다.

㉣ 쇠공의 부피가 크기 때문입니다.

㉤ 쇠공의 밀도가 크기 때문입니다.

궁금증 해결

　지구에는 공기가 가득하지요. 바로 이 공기가 새털이 자유롭게 떨어지는 것을 방해하기 때문에, 쇠공이 새털보다 먼저 땅에 떨어지는 것이랍니다.

　잘 알고 있다시피, 하늘하늘한 새털은 입으로 후욱 불기만 해도 휘익 날아가 버리지요. 그만큼 새털은 아주 적은 양의 공기에도 영향을 크게 받을 정도로 가벼운 물체입니다. 그래서 바람이 조금이라도 불면, 새털은 땅에 떨어지지 않고 하늘하늘 날갯짓을 하며 하늘 높이 날아오르는 것이랍니다.

　하지만 공기가 없는 진공 상태의 커다란 유리병 속에서 쇠공과 새털을 동시에 떨어뜨리면, 둘이 동시에 떨어지게 된답니다. 진공 상태의 유리병 속에는 공기가 들어 있지 않기 때문이지요. 다시 말해서, 진공 상태의 병 속에는 새털이 떨어지는 것을 방해하는 공기가 없거든요.

정답은 ㉢입니다.

하나 더 알기

중력이란 지구가 물체를 잡아당기는 힘이라고 했습니다. 그런데 중력은 물체에 한 번만 작용하고 끝나는 힘이 아니라, 계속해서 끊임없이 작용하는 힘이랍니다.

다시 말해서, 지구에 머물러 있는 한, 지구의 중력은 항상 물체를 잡아당기고 있다는 뜻이지요.

예를 들어, 손에 들고 있던 쇠공을 떨어뜨리는 경우, 공을 들고 있을 때, 공이 떨어지는 동안, 공이 땅에 떨어진 다음에도 지구는 계속해서 공을 끌어당기고 있는 것입니다.

떨어지는 공은 속력이 점점 빨라집니다. 이것은 공이 떨어지는 도중에도 지구가 중력이라는 힘으로 계속 끌어당기기 때문이지요.

그렇다면 지구는 어느 정도나 빠르게 물체를 떨어뜨릴 수 있을까요?

지구가 물체를 잡아당겨서 빠르게 할 수 있는 크기는 대략 $10m/s^2$(정확히는 $9.8m/s^2$) 정도입니다.

이것은 떨어지는 물체의 속력이 '1초마다 10m/s씩' 빨라진다는 뜻입니다. 다시 말해서, 1초 뒤에는 10m/s, 2초 뒤에는 20m/s, 3초 뒤에는 30m/s로 속력이 점점 빨라집니다.

이 크기 $10m/s^2$을 '중력에 의해서 물체의 속력이 빨라지는 정도'라는 의미에서 '중력가속도'라고 부른답니다.

5장

돌멩이나 좀 찾아와

병호와 수연이는 친한 친구 사이면서 취미도 같답니다. 둘의 취미는 등산이지요.

따스한 5월의 어느 일요일, 이 날도 여느 일요일과 마찬가지로 병호와 수연이는 가까운 산으로 함께 나갔습니다.

"와……!"

병호가 기이하게 생긴 절벽을 발견하곤 소리를 질렀습니다.

"왜 그래?"

다른 쪽을 바라보고 있던 수연이가 병호에게 고개를 돌리면서 물었습니다.

"저 절벽 좀 봐."

병호가 남동쪽 방향에 우뚝 솟아 있는 절벽을 가리키면서 말했습니다.

"정말 희한하게 생겼다! 한번 올라가 보고 싶은걸?"

"올라가 보자!"

두 사람은 곧바로 그렇게 의견을 모으고 절벽 쪽으로 갔습니다. 절벽에 도착하자 병호와 수연이는 머뭇거리지 않고 절벽을 오르기 시작했습니다.

마침내 두 사람은 땀을 뻘뻘 흘리며 절벽 꼭대기에 오르는 데 성공했습니다.

병호가 절벽 아래를 내려다보면서 물었습니다.

"절벽의 높이가 얼마나 될까?"

"글쎄……."

수연이가 고개를 갸웃거리며 대답했습니다.

"알 수 있는 방법이 없을까?"

"그건 알아서 뭐 하려고?"

"우리가 오른 절벽의 높이도 모른다면 체면이 안 서지."

"방법이 있긴 있는데……."

"방법이 있다고? 어떤 방법인데?"

병호가 무척 궁금하다는 듯이 토끼처럼 두 귀를 쫑긋 세웠습니다.

그런데 수연이는 아무 대꾸도 하지 않고, 잃어버린 물건을 찾는 사람처럼 이리저리 둘러보고 있었습니다.

"너 갑자기 뭐 찾니?"

"돌멩이를 찾고 있어."

"내가 절벽의 높이를 알고 싶다고 했지, 언제 돌멩이를 찾자고 했냐?"

병호가 실망스럽다는 듯이 말했습니다.

"너는 내가 장난이나 하려고 돌멩이를 찾는 줄 아니?"

수연이 목소리가 높아지자, 당황한 병호가 물었습니다.

"그럼 그게 아니었단 말이야?"

수연이는 이 기회에 병호의 기를 꺾어 놓아야겠다고 생각했습니다.

"흥, 그럼 너 혼자서 절벽의 높이를 알아봐."

수연이는 병호가 서 있는 반대쪽으로 몸을 홱 돌렸습니다.

"수연아, 그러지 말고 방법을 가르쳐 줘."

병호가 사정을 했지만, 수연이는 말이 없었습니다. 병호는 수연이가 화를 내자 무안하기도 하고, 또 절벽의 높이를 알고 싶기도 해서, 다시 한 번 수연이에게 말했습니다.

"수연아, 내가 잘못했다니까. 화 풀고 절벽 높이를 알아보자. 그러면 내려갈 때 내가 네 배낭까지 짊어지고 갈게."

그제서야 수연이가 명령하듯 말했습니다.

"그럼, 돌멩이나 좀 찾아와!"

이 말에는 병호도 약이 올랐지만 꾹 참았습니다. 병호의 마음 속에서는 두 개의 마음이 서로 다투고 있었습니다.

하나의 마음은 이랬습니다.

'수연이가 하라는 대로 해 주자. 모르는 건 배워야 할 거 아냐.'

또 하나의 마음은 이랬답니다.

'넌 자존심도 없냐? 게다가 수연이 배낭까지 짊어지고 내려가겠다고 하다니 말도 안 돼.'

어떤 마음이 이겼을까요?

두 마음 사이에서 갈팡질팡하던 병호가 결국 택한 것은 첫 번째 마음이었습니다.

병호는 돌멩이 한 개를 바위 틈에서 찾아 수연이에게 갖다 주었습니다. 그러면서 물었습니다.

"자, 돌멩이 여기 있어. 근데 이걸로 어떻게 절벽의 높이를 알 수 있다는 거니?"

"돌멩이를 떨어뜨려서 땅에 닿을 때까지 걸리는 시간을 재려는 거야."

'돌멩이가 떨어지는 시간하고 절벽의 높이가 어떤 관계가 있는데 그러니?'

병호는 이렇게 묻고 싶었지만, 더 이상 창피를 당하고 싶지 않아서 목구멍까지 넘어온 말을 꿀꺽 삼켰습니다.

✋ 여기서 잠깐만!

(1) 수연이가 아무 힘도 가하지 않은 상태에서 돌멩이를 떨어뜨리자, 정확히 3초 뒤에 돌멩이가 땅바닥에 부딪치는 소리가 들렸습니다. 이것만으로 절벽의 높이를 알 수 있을까요?

㉠ 알 수 있습니다.

㉡ 알 수 없습니다.

❓ 궁금증 해결

당연히 절벽의 높이를 알 수가 있답니다.

정답은 ㉠입니다.

절벽의 높이가 얼마나 되는지, 또 그 높이를 알 수 있는 방법이 무엇인지 여러분도 궁금하지요? 다음 이야기를 빨리 읽어보세요.

(2) 그렇다면 절벽의 높이는 대략 어느 정도나 될까요?

㉠ 10m쯤입니다.

㉡ 30m쯤입니다.

ⓒ 45m쯤입니다.
ⓔ 90m쯤입니다.
ⓜ 100m쯤입니다.

🅠 궁금증 해결

　떨어지는 물체는 시간이 흐를수록 점점 더 빨리 떨어지게 됩니다. 그러니 물체가 떨어지는 거리도 시간이 지날수록 점점 더 길어질 것입니다. 다시 말해, 처음 1초 동안 떨어진 거리보다 나중 1초 동안 떨어진 거리가 더 길어진다는 뜻이랍니다.

　물체가 떨어지는 거리는 시간의 제곱에 비례합니다. '제곱'이란 두 번 곱한다는 뜻입니다. 그러니까 '시간의 제곱'이란 '시간×시간'이란 뜻이지요.

　물체가 떨어지는 거리는 이 값에 5를 곱하면 됩니다. 다시 말해, 물체가 떨어진 거리와 시간 사이의 관계는 다음과 같답니다.

물체가 떨어진 거리
= 물체가 떨어진 시간 × 물체가 떨어진 시간 × 5

따라서 돌멩이가 떨어진 시간이 3초였으므로, 이 공식을 이용하면 돌멩이가 떨어진 거리는 다음과 같습니다.

돌멩이가 떨어진 거리 = 3 × 3 × 5 = 45m

돌멩이가 떨어진 거리가 무엇과 같지요? 그렇습니다. 당연히 절벽의 높이와 같지요. 수연이가 생각한 방법이 바로 이 방법이었던 것이지요.

내려오는 길에 수연이 배낭까지 짊어진 병호는 무척 힘이

들었지만, 알지 못했던 새로운 사실을 배웠기 때문에 마음은 뿌듯했답니다.

정답은 ㉢입니다.

😊 혼자서 생각해보기

병호와 수연이가 이번에는 스카이다이빙을 하려고 하늘 높이 오른 항공기에서 땅으로 뛰어내릴 준비를 하고 있습니다.

비행기가 마침내 목표한 높이에 이르자, 병호는 수연이의 왼손을, 수연이는 병호의 오른손을 꼭 잡고 뛰어내렸습니다.

이 두 사람이 비행기에서 뛰어내린 뒤, 1초가 지난 다음 떨어진 거리는 5m였습니다.

그러면 2초에서 3초 사이의 1초 동안에 떨어진 거리는 5m의 몇 배나 될까요?

㉠ 1배

㉡ 2배

㉢ 3배

㉣ 4배

㉤ 5배

❓ 궁금증 해결

언뜻 생각하기에 똑같은 1초니까, 떨어지는 거리도 똑같을 것 같지요? 하지만 전혀 그렇지가 않답니다. 시간이 지날수록 더 빠르게 떨어지기 때문입니다.

그러면 떨어진 거리를 계산해 볼까요? 떨어진 시간과 떨어진 거리 사이의 관계식은 다음과 같다는 사실을 우리는 앞에서 배웠습니다.

물체가 떨어진 거리
= 물체가 떨어진 시간 × 물체가 떨어진 시간 × 5

따라서 병호와 수연이가 1초, 2초, 3초 동안 떨어진 거리는 다음과 같습니다.

1초 동안 떨어진 거리 = 1 × 1 × 5 = 5m
2초 동안 떨어진 거리 = 2 × 2 × 5 = 20m
3초 동안 떨어진 거리 = 3 × 3 × 5 = 45m

이 결과를 보고, 이렇게 말하고 싶은가요?

"떨어진 거리는 45m다."

아니죠. 이렇게 말해서는 안 되겠죠. 우리가 알아보려는 거리는 3초 동안에 떨어진 거리가 아니라, 2초에서 3초 사이에 떨어진 거리이기 때문입니다.

그러니 어떻게 해야 하겠어요?

우리가 알아보려는 건 2초에서 3초 사이의 떨어진 거리이므로, 3초 동안 떨어진 거리에서 2초 동안 떨어진 거리를 빼야 합니다.

그래서 45m-20m=25m가 되는 것이지요.

25m는 병호와 수연이가 처음 1초 동안에 떨어진 거리 5m의 다섯 배지요.

정답은 ㉤입니다.

+1 하나 더 알기

중력가속도의 값을 가속도의 단위(m/s^2)를 사용하여 나타내면 다음과 같습니다.

중력가속도 = $9.8 m/s^2$

그런데 중력가속도의 크기는 지구 어디에서나 똑같지가 않고 아주 조금씩 다르답니다. 극지방으로 갈수록 $9.8m/s^2$보다 조금씩 커지고, 적도 지방으로 갈수록 조금씩 작아집니다. 그렇기 때문에 중력가속도를 사용할 때 $9.8m/s^2$을 사용하지 않고 흔히 $10m/s^2$을 사용합니다.

그리고 우리는 앞에서 물체의 떨어지는 거리가 다음과 같다는 사실을 배웠습니다.

물체가 떨어진 거리
= 물체가 떨어진 시간 × 물체가 떨어진 시간 × 5

그런데 이 관계식을 구체적으로 말하면 다음과 같습니다.

물체가 떨어진 거리
= 물체가 떨어진 시간 × 물체가 떨어진 시간 × (중력가속도 ÷ 2)

이때 중력가속도의 값을 10으로 생각하면, '중력가속도 ÷ 2'는 5가 되지요. 그래서 '물체가 떨어진 거리 = 물체가 떨어진 시간 × 물체가 떨어진 시간 × 5'라는 관계식이 만들어지게 된 것입니다.

대포 발사

중국의 위대한 4대 발명은 다음 네 가지를 말하지요.

① 종이(제지술)의 발명
② 인쇄술의 발명
③ 자석(나침반)의 발명
④ 화약의 발명

이 네 가지 발명은 모두 세계 역사를 발전시키는 데 크게 공헌한 것들입니다. 이 가운데 화약의 발명에 관해서 이야기해 보겠습니다.

서양 사람 가운데에는 화약을 먼저 만들어 사용한 곳이 동양이 아니라 서양이라고 주장하는 사람도 있습니다. 그 이유로 다음과 같은 사실을 들고 있습니다.

"서양에서는 고대 그리스 시대에 이미 '그리스의 불'이라는 이름으로 황과 숯 따위를 섞어서 만든 물질을 사용하고 있었다."

그런데 화약에서 가장 중요한 물질은 황이나 숯이 아니라 초석입니다. 이것이 황, 숯과 함께 섞였을 때 비로소 진정한 화약의 위력이 나타나기 때문입니다.

고대 그리스에서 황과 숯을 섞어서 만든 물질을 사용할 때, 중국에서는 이미 초석을 사용하고 있었습니다. 이런 사실로

비추어 볼 때, 화약은 서양의 발명품이 아니라 동양의 발명품임이 틀림없습니다.

중국에서는 화약을 굉장히 귀하게 여겼습니다. 1067년에 중국의 왕이 발표한 명령에서도 이런 사실이 잘 드러나 있습니다.

"중국 밖으로 황과 초석을 가지고 나가는 사람은 절대로 용서하지 않겠다."

이토록 철저하게 막았는데 어떻게 해서 화약이 유럽에 전해질 수 있었을까요?

그건 몽고의 침입 때문입니다. 아시아와 유럽의 거의 모든 나라를 점령한 몽고군이 중국의 화약을 유럽으로 전한 것이지요. 이 때가 13세기 무렵이었습니다.

화약이 전해지자 머지않아 대포가 만들어지게 되었고, 그렇게 됨으로써 유럽에서는 말을 탄 기사와 돌로 만든 성곽이 빠르게 사라지고 말았습니다.

대포를 만드는 데에는 돈이 아주 많이 들었기 때문에, 돈이 많은 왕은 대포를 가질 수 있었지만, 돈이 없는 시골의 영주는 대포를 가질 수가 없었습니다. 그러다 보니 대포를 많이 가진 왕이 절대 권력을 거머쥐게 되었지요.

이 당시 유럽의 지방 영주가 비밀리에 대포를 만들었습니다. 물론 옆 지방을 쳐들어가려고 만들었죠. 대포가 완성되자, 영주는 대포의 성능을 시험해 보라고 명령했습니다.

먼저 대포의 1단계 성능 검사를 했습니다. 1단계 성능 검사는 대포의 포신을 하늘로 곧추세운 뒤 발사시켜, 대포알이 얼마나 높이 올라갈 수 있느냐를 시험하는 것이었습니다.

천지가 떠나갈 것 같은 엄청난 소리와 함께 발사한 시험용 고무 대포알이 20초가 지난 뒤에 다시 땅에 떨어졌습니다.

여기서 잠깐만!

(1) 고무 대포알이 20초 뒤에 다시 땅에 떨어졌다는 것만 가지고 대포알이 올라간 높이를 알아 낼 수 있을까요?
   ㉠ 당연히 알 수가 있습니다.
   ㉡ 결코 알 수가 없습니다.

궁금증 해결

물론 대포알이 올라간 높이를 알아 낼 수가 있답니다.
정답은 ㉠입니다.

그 방법을 얼른 알고 싶죠? 이어지는 글을 읽어 보세요.

(2) 그렇다면 대포알은 얼마나 높이 올라갔을까요?
  ㉠ 약 100m 높이까지 올라갔습니다.
  ㉡ 약 200m 높이까지 올라갔습니다.
  ㉢ 약 300m 높이까지 올라갔습니다.
  ㉣ 약 400m 높이까지 올라갔습니다.
  ㉤ 약 500m 높이까지 올라갔습니다.

❓ 궁금증 해결

대포알이 올라간 높이를 어떻게 알 수 있을까요?
그야 물론 최고 높이까지 올라간 대포알이 다시 땅으로 떨어지기까지, 어떤 운동을 했는지를 알 수 있는 식을 구한다면, 대포알이 올라간 최고 높이를 알 수 있겠지요.
하지만 이것이 결코 쉬운 일이 아닌데다가, 해결할 수 있는 방법이 그것밖에 없다면야 별 도리 없이 어떻게 해서든 대포알이 운동한 방정식을 계산해야겠지만, 그렇지 않다면 굳이 그처럼 어려운 방법을 고집할 필요는 없겠지요.
그렇다면 쉬운 방법이 있다는 뜻인데, 대체 그 방법이란 어떤 걸까요? 그것은 바로 대칭을 이용하는 것입니다.

야구공을 하늘 높이 곧게 던지고 잘 지켜보세요. 야구공이 최고 높이까지 올라가는 모습과, 다시 땅으로 떨어지는 모습은 완전히 똑같습니다. 마치 거울에 비친 것처럼 완전히 대칭을 이룬답니다.

이로부터 우리는 다음 사실을 알 수가 있지요.

"대포알이 최고 높이까지 올라가는 데 걸린 시간과, 그 높이에서 다시 땅으로 떨어지는 데까지 걸린 시간은 똑같다."

대포알이 공중으로 올라갔다가 다시 땅에 떨어지는 데까지 걸린 시간이 20초였으므로, 대포알이 최고 높이까지 오르는 데 걸린 시간은 그것의 절반인 10초입니다. 그리고 대포알이 다시 땅에 떨어지는 데까지 걸린 시간도 10초입니다.

그러므로 대포알이 올라간 최고 높이를 계산하는 이 문제는 이렇게 바꾸어 생각해 볼 수가 있겠지요.

"높은 건물에서 아무런 힘도 주지 않고 대포알을 떨어뜨렸더니, 10초 뒤에 땅에 떨어졌습니다. 그러면 대포알은 얼마의 높이에서 떨어졌을까요?"

여기까지 왔으면, 문제는 해결된 것이나 마찬가지겠지요. 우리는 앞 이야기에서 떨어지는 물체가 떨어진 거리와 시간에 대한 공식을 이미 배워서 알고 있기 때문입니다.

대포알이 떨어진 거리
=대포알이 떨어진 시간×대포알이 떨어진 시간×5

이 공식에 10초를 대입하면, 대포알이 떨어진 거리는 이렇게 됩니다.

대포알이 떨어진 거리=10×10×5=500

이렇게 해서 대포알이 올라간 최고 높이가 대략 500m쯤 된다는 것을 알 수 있습니다.
정답은 ㉤입니다.

혼자서 생각해보기

이웃 지방의 영주가 대포를 만들어 성능 시험을 했다는 소식이 전해지자, 불안해진 또 다른 지방의 영주도 부랴부랴 대포를 만들어 같은 방법으로 성능 시험을 했습니다.
고무 대포알이 수직으로 곧게 하늘로 치솟더니, 24초 뒤에 다시 땅에 떨어졌습니다. 대포알이 올라간 최고 높이는 얼마일까요?

㉠ 520m쯤 됩니다.
㉡ 620m쯤 됩니다.
㉢ 720m쯤 됩니다.
㉣ 820m쯤 됩니다.
㉤ 920m쯤 됩니다.

❓ 궁금증 해결

 이것도 대칭성을 이용하면 어렵지 않게 구할 수가 있습니다. 대포알이 24초 뒤에 다시 땅에 떨어졌으므로, 최고 높이까지 올라가는 데 걸린 시간은 12초이고, 최고 높이에서 다시 땅으로 내려오는 데에도 12초가 걸렸을 겁니다.
 따라서 물체가 떨어진 거리 공식에 12초를 대입하면 대포알이 떨어진 거리는 이렇게 되겠지요.

```
대포알이 떨어진 거리
  = 대포알이 떨어진 시간 × 대포알이 떨어진 시간 × 5
  = 12 × 12 × 5 = 720
```

 이렇게 해서 대포알이 올라간 최고 높이가 720m쯤 된다는 걸 알 수 있답니다.

정답은 ㉢입니다.

🔋 하나 더 알기

물체의 빠르기를 생각할 때, 우리는 보통 속도를 떠올립니다. 하지만 '가속도'라는 개념을 빼놓아서는 안 된답니다.

속도가 영(0)이면, 물체는 반드시 멈춰 있습니다. 하지만 가속도가 영(0)이면 물체가 반드시 정지해 있다고 말할 수는 없습니다. 가속도가 영(0)일 때, 다음 두 가지를 생각할 수가 있기 때문입니다.

① 물체가 정지해 있다.
② 물체가 똑같은 속도로 움직이고 있다.

가속도가 얼마인지 알면, 물체의 속도가 어떻게 변했는지를 알 수가 있습니다.

가속도가 영(0)보다 크다는 것은 나중 속도가 처음 속도보다 빠르다는 걸 나타냅니다. 다시 말해, 시간이 지나면서 물체의 속도가 빨라졌다는 뜻이지요.

가속도가 영(0)보다 작다는 것은 나중 속도가 처음 속도보다 느리다는 걸 나타냅니다. 다시 말해, 시간이 지나면서 물체의 속도가 느려졌다는 뜻이지요.

가속도가 영(0)이라는 것은 나중 속도와 처음 속도가 같다는 걸 나타냅니다. 다시 말해, 시간이 지나도 속도에는 변화가 없다는 뜻이랍니다.

멈춰 있는 물체도 나중 속도와 처음 속도가 같기 때문에, 가속도가 영(0)이 되는 겁니다.

가속도가 똑같은 운동을 '등가속도운동'이라고 하지요. 야구공을 하늘로 곧게 던지거나 높은 곳에서 가만히 물체를 떨어뜨리는 것이 다 일정한 중력가속도를 받는 등가속도운동입니다.

미래로 떨어진 손오공

 하늘 나라에서 하는 일 없이 빈둥거리기만 하는 손오공을 옥황상제가 불렀습니다. 심심하던 손오공은 옥황상제의 부름을 받고 기뻐서 싱글벙글하며 부리나케 달려왔습니다.
 "옥황상제님, 소인에게 무슨 상을 주시려고 이렇게 부르셨사옵니까?"
 "듣자 하니 그대는 요즘 일이 없어 한가롭다고 하니, 내가 한 가지 일을 주겠노라. 손오공은 앞으로 천도복숭아밭을 지키도록 하라."
 명을 받은 손오공은 옥황상제에게 절을 하고는 곧장 천도복숭아밭으로 뛰어갔습니다.
 손오공이 천도복숭아밭에 이르자, 그 곳을 지키는 수문장이 손오공에게 꾸벅 인사를 하고는 밭 안으로 안내했습니다. 복숭아밭을 대충 둘러본 손오공이 수문장에게 물었습니다.

"이 곳에 천도복숭아가 몇 그루나 있느냐?"

"삼천육백 그루가 있사옵니다. 앞줄에 있는 천이백 그루는 꽃도 열매도 작고, 삼천 년에 한 번 열매를 맺사옵니다. 이것을 먹으면 신선이 되어 몸이 튼튼하고 가벼워집니다. 중간에 있는 천이백 그루는 꽃이 몇 겹으로 피고 열매도 맛있으나, 육천 년에 한 번 열매를 맺습니다. 이것을 먹으면 아지랑이를 타고 날아오를 수 있게 되며, 아주 오랫동안 늙지 않습니다. 그리고 그 뒤에 있는 천이백 그루는 보랏빛 무늬가 있고, 구천 년에 한 번 열매를 맺사옵니다. 이것을 먹으면 영원히 죽지 않사옵니다."

수문장의 설명을 들은 손오공은 마음 속으로 무척 기뻤습니다.

하루는 손오공이 천도복숭아밭을 거닐다가 먹음직스럽게 익은 복숭아들이 주렁주렁 매달려 있는 것을 보자 먹고 싶은 마음이 들었습니다.

"꿀꺽."

군침을 삼킨 손오공은 망설였습니다.

'거참, 먹고 싶은걸?'

하지만 그게 쉽지 않았습니다. 관리인이 뒤따르고 있기 때문이었습니다.

손오공은 꾀를 생각해 냈습니다.

"너는 먼저 나가 있거라. 나는 여기 정자에서 잠시 쉬어 갈 터이니."

관리인이 나가자 손오공은 눈에 잘 띄지 않도록 재빨리 옷을 벗어 던지고 복숭아나무로 올라갔습니다. 그러고는 가지에 걸터앉아 복숭아를 따 먹기 시작했습니다. 배가 부르자 손오공은 나무에서 내려와 옷을 주워 입고, 아무 일도 없었다는 듯이 복숭아밭을 나왔습니다.

그 뒤에도 손오공은 이삼 일에 한 번꼴로 그렇게 복숭아를 따 먹었습니다.

그러던 어느 날, 하늘에서 큰 잔치가 열리게 됐습니다. 아리따운 일곱 선녀가 잔치에 쓸 천도복숭아를 따려고 밭으로 바구니를 들고 왔습니다.

선녀들은 앞줄에 있는 복숭아나무에서 광주리 하나 가득 복숭아를 땄고, 두 번째 줄에서도 광주리 하나 가득 복숭아를 땄습니다. 그리고 맨 뒷줄에 있는 복숭아나무에서 복숭아를 따려고 했지만, 복숭아가 보이지 않았습니다. 어쩌다 잎사귀 사이로 보이는 것이라고는 아직 익지도 않은 시퍼런 복숭아 한두 개였습니다.

손오공이 복숭아를 죄다 따 먹었다는 사실을 알 리 없는 선녀들은 이리저리 복숭아를 찾아 헤맸습니다. 마침내 남쪽으로 향한 가지에서 겨우 먹을 만한 복숭아 몇 개가 매달려 있는 것을 발견했습니다.

한 선녀가 팔을 뻗어 복숭아를 따고는 가지를 놓았습니다. 그 나뭇가지가 튕겨 나가면서 나무 위에서 늘어지게 자고 있던 손오공의 얼굴을 딱 때렸습니다.

"아얏! 누군데 감히 복숭아를 훔쳐 가려고 하느냐?"

손오공은 속으로 뜨끔했지만, 오히려 큰소리를 쳤습니다.

손오공의 호령에 혼이 나갔던 선녀들이 곧 정신을 차리고는 복숭아를 따러 온 까닭을 설명했습니다. 그러자 손오공은 갑자기 자상한 표정으로 물었습니다.

"그래, 나도 그 잔치에 초대되었느냐?"

"오늘 잔치에 어느 분들이 초대되었는지 모르겠사옵니다."

"그래, 그렇다면 내가 알아봐야겠구나."

손오공은 말을 끝내기가 무섭게 주문을 외었습니다. 그러자 일곱 선녀들의 몸이 그 자리에 말뚝처럼 박혀 버렸습니다. 선녀들은 눈동자만 이리저리 굴릴 뿐 꼼짝도 할 수가 없었습니다.

손오공이 잔치가 열리는 곳에 도착하니 아직 시간이 이른 탓인지 초대된 사람이 한 사람도 오지 않았습니다.

"흠, 이렇게 맛있는 음식 냄새는 처음 맡아 보는구나!"

손오공은 호기심 어린 눈으로 그 곳을 둘러보았습니다. 주위에 아무도 없다는 것을 알자 손오공은 더 이상 참을 수 없었던지, 자기 앞쪽에 가지런히 놓여 있는 술병을 집어들어 벌컥벌컥 마셨습니다. 잔칫상에 오른 음식들도 안주 삼아 마구 먹어 댔습니다. 그러니 잔칫상이 엉망이 됐을 것은 뻔하겠지요.

"어휴, 이거 안 되겠다. 여기에 더 있다가는 옥황상제님께 혼이 나겠구나!"

손오공은 구름을 타고 잽싸게 그 곳을 도망쳐 나왔습니다.

하지만 옥황상제가 이 사실을 모를 리 없겠죠. 몹시 화가 난 옥황상제가 당장 손오공을 잡아들여 무릎을 꿇리고 호통을 쳤습니다.

"손오공, 네 이놈! 여봐라, 이놈을 당장 시간 터널 속으로 떨어뜨려라."

호통이 끝나자마자 갑자기 손오공은 눈앞이 깜깜해지더니 수많은 별이 폭발하는 것 같은 충격을 느꼈습니다. 손오공은 시간 터널 속으로 빠진 것이지요. 시간 터널이란 과거, 현재, 미래를 왔다갔다할 수 있는 통로입니다.

시간 터널을 통해 손오공이 떨어진 곳은 서기 2294년, 500

층 건물의 엘리베이터 안이었습니다.

"쿵!"

"아이구, 아파라. 이게 뭐야. 사방이 꽉 막혔네. 어, 그런데 여기에 웬 숫자가 적혀 있지?"

손오공은 여의봉으로 숫자판을 마구마구 두들겼습니다. 그러자 인공 지능을 가진 엘리베이터가 말을 했습니다.

"너무 때리지 말아요. 아프단 말예요. 나는 인간과 비슷한 지능을 가진 엘리베이터입니다. 지금 당신이 숫자판을 잘못 건드렸기 때문에, 매우 빠른 속력으로 엘리베이터를 운행할 수밖에 없습니다."

그러더니, 멈춰 있던 엘리베이터가 점점 빨라지면서 아찔한 속력으로 올라가는 것이었습니다.

여기서 잠깐만!

자, 그러면 손오공의 몸무게에 대해서 생각해 봅시다.

지구에서 잰 손오공의 몸무게는 20kg중입니다. 그런데 지금 손오공이 타고 있는 엘리베이터는 계속해서 점점 더 빠르게 올라가고 있습니다. 손오공이 이 엘리베이터 안에 있는 체중계에 올라서 있다면, 몸무게는 어떻게 변했을까요?

㉠ 0kg중이 됩니다.
㉡ 그대로 20kg중입니다.
㉢ 20kg중보다 무거워집니다.
㉣ 20kg중보다 가벼워집니다.
㉤ 0kg중보다 가벼운 마이너스 kg중이 나오게 됩니다.

❓ 궁금증 해결

엘리베이터를 타 본 사람은 엘리베이터가 움직이기 시작할 때나 멈출 때 이상한 힘이 느껴지는 걸 경험한 적이 있을 것입니다. 엘리베이터가 올라갈 때는 아래로 내리누르는 듯한 힘을 약하게나마 느낄 수가 있지요.

이런 느낌을 받게 되는 까닭이 무엇일까요?

힘에는 여러 종류가 있는데, 몸무게도 그 가운데 하나입니다. 중력이 잡아당기기 때문에 생기는 힘이란 말이지요.

물체의 속력을 바꾸려면 힘이 필요하겠지요? 예를 들어, 멈춰 있는 물체를 움직이게 하려면 당연히 힘이 필요합니다.

여러분은 버스가 출발할 때 몸이 뒤로 젖혀지는 경험을 해 봤을 것입니다. 그와 마찬가지로, 멈춰 있는 엘리베이터가 올라가기 시작할 때도 힘을 받았기 때문에 몸이 아래로 쏠리게 되지요.

여기에서 중요한 것은, 몸이 뒤로 젖혀지거나 아래로 쏠리게 하는 이런 힘은 속력에 변화를 줄 때에만 생긴다는 사실입니다. 다시 말하면 속력에 변화가 없이 똑같은 빠르기로 움직일 때는 아무런 힘도 가해지지 않는다는 뜻입니다.

그렇다면 손오공의 몸무게를 생각해 볼까요? 엘리베이터가 위로 빠른 속도로 올라가고 있으므로, 원래의 몸무게에 아래로 내리누르는 힘이 보태졌습니다. 그래서 손오공의 몸무게는 원래 몸무게보다 무거워지게 되는 것이랍니다.

정답은 ㉢입니다.

혼자서 생각해보기

손오공을 태운 엘리베이터가 열심히 올라가다가 갑자기 내려가기 시작했습니다. 내려가는 속도가 시간이 흐를수록 점점 더 빨라졌습니다.

체중계에 올라서 있는 손오공의 몸무게는 어떻게 변할까요? 단, 지구에서 잰 손오공의 몸무게는 20kg중입니다.

㉠ 0kg중이 됩니다.

㉡ 그대로 20kg중입니다.

ⓒ 20kg중보다 무거워집니다.

ⓔ 20kg중보다 가벼워집니다.

ⓜ 0kg중보다 가벼운 마이너스 kg중이 나오게 됩니다.

❓ 궁금증 해결

엘리베이터를 타 보면, 엘리베이터가 내려가는 순간에는 올라갈 때와는 달리 붕 뜨는 듯한 힘을 약하게나마 느낄 수가 있습니다. 이것은 엘리베이터에 탄 사람의 몸무게가 위쪽의 힘을 받아서 그만큼 가벼워졌다는 뜻이지요.

그래서 손오공의 몸무게는 원래 몸무게인 20kg중보다 가벼워지게 되는 것이랍니다.

정답은 ⓔ입니다.

➕ 하나 더 알기

이번 이야기에서는 물체의 무게가 상황에 따라서 변할 수 있다는 사실을 배웠습니다. 속도가 변하는 엘리베이터나 우주선에 탄 사람은 그런 무게의 변화를 뚜렷하게 느낄 수가 있지요.

이런 현상을 깊이 연구한 사람이 바로 그 유명한 천재 물리학자 아인슈타인입니다.

아인슈타인은 온갖 힘을 기울여서 연구한 이론을 발표했는데, 그 이론이 1905년에 발표한 특수상대성이론과 1915년에 발표한 일반상대성이론입니다.

엘리베이터에 탄 사오정과 저팔계

손오공의 의형제인 사오정과 저팔계는 갑자기 사라진 손오공을 찾으러 여기저기 헤매 다녔지만 끝내 손오공을 찾을 수가 없었습니다.

간신히 한 선녀로부터 손오공이 옥황상제에게 벌을 받아 시간 터널 속으로 빨려들어갔다는 사실을 전해 들었습니다.

"오공이 형님이 어느 시대로 갔을까?"

저팔계가 큰 코를 벌름거리면서 말했습니다.

"시간 터널을 지키는 수문장에게 물어 보자."

사오정이 말했습니다.

"말해 줄까?"

"모르지. 무슨 수를 써서라도 알아 내야지."

염려했던 대로 사오정과 저팔계가 아무리 가르쳐 달라고 애원해도 수문장은 고개를 저었습니다. 단지 이런 말만 했을 뿐이지요.

"시간 터널은 아무나 들어가는 게 아니야. 옥황상제님의 명이 있어야만 들어갈 수 있다구."

더는 머뭇거릴 시간이 없다는 생각에, 사오정과 저팔계는 수문장을 힘으로 밀쳐 내고 시간 터널 속으로 들어갈 계획을 세웠습니다.

저팔계가 수문장 앞으로 주춤주춤 다가서며 눈길을 끌었습니다. 그 때 갑자기 사오정이 큰 소리로 외쳤습니다.

"앗! 저기 오공이 형님이 오신다."

그 말에 깜짝 놀란 수문장은 사오정이 가리키는 쪽으로 몸을 홱 돌렸습니다. 그 순간 저팔계가 있는 힘을 다해 수문장의 등을 떠밀었습니다. 수문장이 엉겁결에 앞으로 넘어진 틈을 타서 사오정과 저팔계는 재빨리 시간 터널 속으로 뛰어들었습니다. 사오정과 저팔계의 등 뒤로 수문장이 외치는 소리가 벼락치듯이 들렸습니다.

"안 돼! 들어가지 마! 지금 너희들은 어느 시대로 가는지도 모르잖아!"

하지만 때는 이미 늦어서 사오정과 저팔계의 몸뚱이가 발목만 남겨 놓고 시간 터널 속으로 들어간 상태였습니다.

"쿵!"

"아이쿠, 아야!"

땅에 코를 박아 버린 저팔계가 코를 만지면서 말했습니다.

"여기가 어디지?"

그러자 사오정이 귀를 쫑긋 세우며 말했습니다.

"잠깐만! 무슨 소리가 들린다."

사오정과 저팔계가 소리 나는 쪽으로 고개를 돌렸습니다.
"저기 오공이 형님이다!"
저팔계는 사오정이 손가락으로 가리키고 있는 쪽을 바라보았습니다.

손오공이 사방이 투명한 유리로 된 엘리베이터 안에 갇힌 채, 빠른 속도로 올라가고 있었습니다. 사오정이 들은 소리는 손오공이 사오정과 저팔계를 보고 엘리베이터의 유리를 두드리는 소리였던 것입니다.

사오정과 저팔계가 어떻게 정확히 손오공이 온 시대로 올 수 있었냐고요?

사실 사오정과 저팔계가 들어간 시간 터널은 손오공이 있는 시대로 가는 길이 아니었습니다. 세종대왕이 다스리는 조선 시대로 가는 터널이었습니다.

옥황상제는 손오공의 괘씸한 짓에 벌을 주기는 했지만, 사오정과 저팔계의 우정에 감동한 나머지 순식간에 시간 터널의 길을 손오공이 간 길로 바꿔 주었던 것입니다. 물론 사오정과 저팔계는 이것을 알 리가 없지요.

손오공이 손가락으로 사오정과 저팔계에게 아래쪽에 있는 엘리베이터를 타라는 신호를 보냈습니다. 사오정과 저팔계가 엘리베이터 앞에 다가가자, 엘리베이터의 문이 자동으로 스르르 열렸습니다.

"저희 엘리베이터를 이용해 주셔서 대단히 감사합니다."

문이 닫히자, 엘리베이터가 계속 말했습니다.

"몇 층으로 가시죠?"

저팔계와 사오정은 잠시 어리둥절했으나 곧 정신을 차리고 둘이 거의 동시에 말했습니다.

"저 위로 올라가는 오공이 형님을 빨리 따라가자."

"잘 알았습니다."

엘리베이터가 올라가기 시작하자, 사오정과 저팔계는 머리가 어찔하면서 이상한 느낌을 받았습니다. 그럴 수밖에요. 사오정과 저팔계는 엘리베이터를 처음 타 봤거든요.

사오정이 엘리베이터 안을 두루 살피며 말했습니다.

"이놈이 혹시 요괴가 아닐까?"

그러자 저팔계가 뭉툭한 손으로 엘리베이터의 숫자판을 마구 두들겼습니다.

"때리지 말고 말로 하세요."

엘리베이터가 정중히 경고했습니다.

"너 이놈, 우리를 속이려는 거지?"

"속이긴 누굴 속인다고 그러십니까? 그리고 기계라고 반말하지 마세요."

화가 났는지, 그 말을 끝으로 엘리베이터가 갑자기 멈췄습니다.

"어, 왜 멈추는 거야?"

저팔계가 화가 나서 말했습니다.

"……."

하지만 엘리베이터는 아무 말도 하지 않았습니다.

저팔계가 엘리베이터를 또다시 마구 두들겼습니다.

"야, 빨리 올라가!"

하지만 엘리베이터는 올라가기는커녕 오히려 내려가는 것이었습니다.

"이 망할놈의 고철덩어리!"

그러자 사오정이 얼른 상냥한 목소리로 말했습니다.

"이봐요, 함부로 굴어서 미안해요. 어서 위로 좀 올라가 주세요."

사오정이 부드럽게 말하자, 엘리베이터가 내려가기를 멈추며 말했습니다.

"당신 때문에 이번만은 용서하겠습니다. 지금은 모든 일을 기계가 하는 시대입니다. 인간보다 더 높은 지능을 가진 기계가 많이 있지요. 기계를 무시하는 사람을 고발하면, 당장 기계 재판소로 끌려가게 됩니다. 어흠, 이제 그럼 일정한 속

도로 운행하겠습니다."

여러분, 정말 무섭죠? 정말로 이런 시대가 온다면 어떻게 될까요? 편한 것도 좋지만, 이러다가는 인간이 기계의 노예가 될 수도 있지 않겠어요?

엘리베이터는 다시 올라가기 시작하다가, 어느 정도의 속도에 이르자 더 이상 빨라지지 않고 같은 속도로 계속 올라갔습니다. 마침내 500층 꼭대기에 멈춰 있는 손오공이 보이기 시작했습니다.

여기서 잠깐만!

자, 그럼 생각해 볼까요?

멈춰 있던 엘리베이터가 점점 빠르게 올라가면, 그 안에 있는 물체의 무게가 늘어난다는 사실을 우리는 이미 앞에서 배웠습니다.

그런데 엘리베이터가 어느 단계부터는 더 이상 빨라지지 않고, 그 속도를 똑같이 유지하면서 올라갈 때, 사오정과 저팔계의 몸무게는 어떻게 될까요?

단, 멈춘 상태에서 잰 사오정의 몸무게는 30kg중이고, 저팔계의 몸무게는 100kg중입니다.

㉠ 사오정과 저팔계를 합친 몸무게는 정확히 130kg중이 됩니다.

㉡ 사오정과 저팔계를 합친 몸무게는 130kg중보다 가벼워집니다.

㉢ 사오정과 저팔계를 합친 몸무게는 130kg중보다 무거워집니다.

㉣ 사오정과 저팔계를 합친 몸무게는 한없이 계속 늘어납니다.

㉤ 사오정과 저팔계를 합친 몸무게는 0kg중이 됩니다.

❓ 궁금증 해결

엘리베이터가 올라가면서 점점 빨라지는 동안에는 몸무게도 무거워지지요.

하지만 속도의 변화가 차차 없어져서 일정한 속도로 움직이게 되면, 몸무게의 변화도 차츰 사라져서 이내 원래의 몸무게가 된답니다.

그러니 사오정과 저팔계의 몸무게는 둘을 합한 130kg중이 되겠지요.

따라서 정답은 ㉠입니다.

혼자서 생각해보기

저팔계와 사오정은 손오공이 500층 꼭대기에 엘리베이터와 함께 매달려 있는 것을 발견했습니다.

"오공이 형님 옆에 세워 주세요."

사오정이 엘리베이터에게 정중히 부탁해서, 사오정과 저팔계는 손오공을 무사히 구출했습니다.

"고맙다, 아우들아!"

"오공이 형님, 고생 많았죠?"

"형님, 다시는 헤어지지 말아요."

세 의형제는 몹시 기뻐하며 서로 부둥켜안고 펄쩍펄쩍 뛰었습니다.

그러고는 셋이 함께 엘리베이터를 타고 다시 내려갔지요. 엘리베이터가 일정한 속도로 내려가고 있는 중이라면, 이때 손오공, 저팔계, 사오정의 몸무게는 어떻게 될까요?

단, 멈춘 상태에서 잰 손오공의 몸무게는 20kg중, 사오정의 몸무게는 30kg중, 저팔계의 몸무게는 100kg중입니다.

㉠ 셋을 합친 몸무게는 150kg중이 됩니다.

㉡ 셋을 합친 몸무게는 0kg중이 됩니다.

㉢ 셋을 합친 몸무게는 150kg중보다 가벼워집니다.

㉣ 셋을 합친 몸무게는 150kg중보다 무거워집니다.
㉤ 셋을 합친 몸무게는 마이너스 kg중이 됩니다.

❓ 궁금증 해결

　엘리베이터가 내려가고 있다는 사실만 다를 뿐, 상황은 일정한 빠르기로 오르고 있는 경우와 같기 때문에, 엘리베이터 안에서의 몸무게는 줄거나 늘지 않는답니다.
　다시 말해, 엘리베이터는 똑같은 속력으로 움직이고 있으므로, 새로 탄 손오공의 몸무게만큼만 더 늘어날 뿐 이들을 합한 몸무게는 원래와 마찬가지겠지요. 그래서 이들의 몸무게는 셋의 몸무게를 합한 150kg중(20kg중+30kg중+100kg중)이 됩니다.
　정답은 ㉠입니다.

➕ 하나 더 알기

　가속도란 속도가 변하는 정도를 나타내는 양입니다.
　물체의 속도를 변화시키는 데는 힘이 필요합니다. 다시 말해, 속도를 크게 바꾸기 위해선 큰 힘이 필요하게 되지요.

물체의 속도를 바꾸는 데 필요한 힘은 다음과 같습니다.

힘 = 물체의 질량 × 속도가 변하는 정도

'속도가 변하는 정도'가 가속도이므로, 위의 식은 다음과 같이 바꿀 수가 있습니다.

힘 = 물체의 질량 × 가속도

그러니 힘에 관한 이 식을 지구의 중력에 적용하면, 중력은 이렇게 나타낼 수가 있습니다.

중력 = 물체의 질량 × 중력가속도

따라서 이 식을 이용하면, 얼마만큼의 힘이 작용하는지를 어렵지 않게 구할 수가 있게 된답니다.

예를 들어 보죠.

질량이 20kg인 한모가 아빠에게 무동을 태워 달라고 했을 때, 아빠의 어깨에 가해지는 힘이 바로 중력과 같으므로, 그 힘은 이렇게 계산할 수가 있습니다.

어깨에 가해지는 힘
= 한모의 질량 × 중력가속도 = 20kg × 10m/s² = 200뉴턴

'200뉴턴'의 힘이 어깨를 누르고 있는 것입니다. 이걸 단순히 '20kg중'이라고 부르기도 하지요(1kg중=10뉴턴).

공룡이 나타났어요

　공룡은 파충류에 드는 동물로서, 중생대를 대표하는 생물이랍니다. 중생대는 지금으로부터 약 2억 3000만 년에서 6500만 년 전까지의 기간이지요. 맨 처음 인간의 조상이 지구에 나타난 것은 지금으로부터 약 300만 년 전쯤이니 정말로 오랜 옛날이지요.

　1841년 영국의 고생물학자 오웬은 모든 화석 파충류를 한데 묶어서, 그리스 말로 '디노사우르'라고 이름 붙였습니다. '디노스'는 '무서울 정도로 큰 물체'라는 뜻이고, '사우르'는 '도마뱀'이란 뜻입니다.

　그러니 디노사우르가 무슨 뜻인지 알겠지요? 그렇습니다. 말 그대로, 거대한 도마뱀이라는 뜻입니다. 디노사우르를 우리말로는 무서운 용, 다시 말해 공룡이라고 부르지요.

　중생대는 기후가 몹시 건조했습니다. 그런데도 공룡이 번

성할 수 있었던 것은 공룡이 건조한 기후에 잘 견딜 수 있는 매우 두꺼운 살갗을 가지고 있었으며, 딱딱한 껍데기에 싸인 알을 낳을 수 있었기 때문입니다.

공룡은 크게 용반류와 조반류로 나눕니다. 용반류의 공룡은 다른 동물들을 잡아먹었습니다. 이에 반해 조반류의 공룡은 풀을 뜯어먹었습니다. 우리가 알고 있는 공룡은 거의 용반류에 드는 공룡들이지요.

용반류 공룡은 성질이 굉장히 사나울 뿐만 아니라, 몸집도 대단히 컸습니다. 여기에 드는 대표 공룡에는 알로사우르스, 티라노사우르스, 브론토사우르스, 브라키오사우르스 따위가 있습니다. 이 공룡들의 몸집이 얼마나 우람한지 한번 알아볼까요?

알로사우르스: 몸길이 10m, 몸무게 2,000kg
티라노사우르스: 몸길이 15m, 몸무게 7,000kg
브론토사우르스: 몸길이 25m, 몸무게 30,000kg
브라키오사우르스: 몸길이 25m, 몸무게 80,000kg

정말 대단하죠? 이런 공룡 밑에 깔리면 그야말로 납작콩이 되고 말 거예요.

고공룡 박사는 이렇게 거대한 공룡에 관해서 연구하는 젊은 생물학자입니다. 고박사는 경상북도 의성에 있는 공룡 유적지를 탐사하러 갔다가 뜻밖의 귀중한 연구 자료를 발견했습니다. 그것은 공룡의 유전자가 들어 있는 호두알만 한 호박이었습니다.

여기서 말하는 호박은 우리가 먹는 채소를 말하는 것이 아니라, 중생대 식물의 진액이 뭉쳐서 땅 속에 파묻히면서 마치 보석처럼 투명하게 굳어진 것을 말한답니다. 그런 호박 속에 공룡의 세포가 섞여 들어가서 유전자가 남아 있는 것을 고박사가 발견한 것입니다.

굉장한 발견에 흥분한 고박사는 엄청난 계획을 세웠습니다. 공룡의 유전자를 코끼리 알에 넣어서 공룡을 부화시키겠다는 것이었지요.

연구에 연구를 거듭한 결과, 고박사는 마침내 아기공룡을 키워내는 데 성공했습니다.

하지만 그 과정에서 한 가지 사고가 났어요. 코끼리 세포에 유전자를 주입하다가 잘못해서 고박사의 가운뎃손가락 끝이 주사 바늘에 살짝 찔려서 피가 함께 묻어 들어간 것입니다. 그래서인지 태어난 아기공룡은 인간과 같이 말을 할 줄 알고 생각할 줄 알았습니다.

고박사는 당황했습니다. 인간의 지능을 가진 공룡은 생각조차 할 수 없는 일이기 때문이지요.

고박사에게 아기공룡은 정말 골칫거리였습니다. 박사를 닮아서 머리는 좋은데, 말을 죽어라 듣지 않고 말썽만 부렸기 때문입니다. 그래서 고박사는 공룡을 서재에 가두어 버렸습니다. 하지만 아기공룡은 서재를 엉망으로 만들어 놓고 집을 나가 버리고 말았습니다.

집을 나간 아기공룡이 가장 먼저 찾아간 곳은 63빌딩이었습니다. 호기심이 많은 아기공룡은 63빌딩을 향해 뒤뚱뒤뚱 뛰어갔습니다.

건물 안으로 들어서자마자, 엘리베이터에 올라탄 아기공룡은 체중계를 발견했습니다. 체중계에는 이런 선전문이 적혀 있었습니다.

"공룡이 올라서도 절대로 부서지지 않는 체중계."

이 글을 읽은 아기공룡은 기분이 몹시 나빠졌습니다. 다른 건 몰라도 몸무게만큼은 자신이 있었기 때문이지요. 아직은 아기공룡이지만, 그래도 몸무게만큼은 사람들이 감히 엄두도 못 내는 1,000kg중이나 나갈 정도니까요.

아기공룡은 펄쩍 뛰어 체중계 위에 올라섰습니다. 하지만 선전문대로 체중계는 부서지지 않았습니다. 아기공룡이 펄쩍 뛰어오르며 다시 한 번 힘껏 체중계 위에 올라서 봤지만, 체중계는 역시 말짱했습니다.

화가 난 아기공룡은 체중계 위에서 쿵쾅쿵쾅 계속 뛰었습니다. 누가 이기는지 한번 해 보자는 거지요.

그런데 이게 어찌된 일입니까? 부숴져야 할 체중계는 부숴지지 않고, 아기공룡이 뛰는 힘을 견디지 못해 엘리베이터 줄이 툭 끊어지고 말았습니다. 엘리베이터는 밑으로 떨어지기 시작했지요.

여기서 잠깐만!

아기공룡의 쿵쾅거림을 견디지 못하고 줄이 끊어지면서 엘리베이터가 떨어지고 있습니다.

이렇게 떨어지고 있는 엘리베이터 속에 있는 아기공룡의 몸무게는 어떻게 변할까요?

㉠ 0kg중이 됩니다.

㉡ 원래 몸무게인 1,000kg중을 그대로 유지합니다.

㉢ 1,000kg중보다 무거워집니다.

㉣ 1,000kg중보다 가벼워집니다.

㉤ 마이너스 kg중으로 내려갑니다.

❓ 궁금증 해결

엘리베이터 줄이 끊어지면 엘리베이터는 떨어집니다. 좀 어려운 낱말을 써서 말하면, 엘리베이터는 '자유낙하'를 하게 됩니다. 자유롭게 떨어진다는 뜻이지요.

이때 엘리베이터에 탄 아기공룡은 엘리베이터로부터 어떤 힘도 받지 않고 있습니다.

엘리베이터의 바닥이 아기공룡을 밀어 올리는 힘도 사라지고, 아기공룡이 엘리베이터 바닥을 내리누르는 힘도 없어지는 것입니다.

아무런 힘도 작용하지 않으면, 어떻게 되나요? 그렇습니다. 제 자리에 멈추어 있게 되지요.

이런 모습을 어디에서 찾아볼 수 있지요? 그렇습니다. 바로 무중력 공간, 다시 말해 우주 공간에서 찾아볼 수가 있습니다.

우주 공간에 붕 떠 있는 우주인은 힘을 주지 않은 한 전후, 좌우, 상하 어느 쪽으로도 움직이지 않고 제자리에 멈춰 있습니다.

내리누르는 힘도 없고 밀어 올리는 힘도 없으면, 체중계의 바늘은 어떻게 될까요?

그렇습니다. 물체를 올려 놓지 않은 자리인 0kg중의 자리에 멈추어 있을 것입니다.

그래서 아기공룡의 몸무게는 0kg중이 되는 것이랍니다.

정답은 ㉠입니다.

혼자서 생각해보기

엘리베이터의 줄이 끊어지고 몸무게가 0kg중이 되자, 아기공룡은 자존심이 몹시 상했습니다.

엘리베이터가 저 아래로 떨어지고 있는데도 아기공룡은 전혀 겁먹지 않고 체중계를 엘리베이터의 천장으로 집어 던졌습니다.

자, 체중계는 어떻게 될까요?

㉠ 체중계는 엘리베이터의 중간에서 멈춥니다.

㉡ 체중계는 엘리베이터의 천장에 달라붙습니다.

㉢ 체중계는 엘리베이터의 천장에 부딪친 다음, 똑같은 속력으로 바닥으로 떨어집니다.

㉣ 체중계는 엘리베이터의 천장에 부딪친 다음, 처음보다 빠른 속력으로 바닥으로 떨어집니다.

㉤ 체중계는 엘리베이터의 바닥에 달라붙습니다.

? 궁금증 해결

앞에서 배웠듯이 엘리베이터가 자유낙하하면, 엘리베이터 안은 무중력 상태가 되고, 엘리베이터에 탄 사람은 무중력을 경험하게 됩니다. 마치 우주 공간에 두둥실 떠 있는 우주인처럼 말입니다.

무중력 상태에 있는 물체는 중력을 받지 않기 때문에, 똑같은 속력으로 움직이게 됩니다.

예를 들면, 멈춰 있는 야구공은 계속 멈춰 있고, 던진 농구공은 처음과 같은 속력으로 계속 날아간답니다.

그러므로 엘리베이터가 무중력 상태에 있으니까, 체중계는 엘리베이터 천장에 부딪친 다음, 천장으로 올라갈 때와 똑같은 속력으로 엘리베이터 바닥으로 떨어지는 것처럼 보이게 될 것입니다.

정답은 ㉢입니다.

+1 하나 더 알기

재미있는 상상 실험을 한 가지 해 보겠습니다.

아기공룡이 자유낙하하는 엘리베이터 안에서 바깥으로 야

구공을 던졌습니다. 그러면 야구공은 어떻게 떨어지는 것처럼 보일까요? 아기공룡에게는 야구공이 곧게 날아가는 것처럼 보입니다.

하지만 엘리베이터에 타지 않은 사람에게는 야구공이 포물선을 그리면서 떨어지는 것처럼 보인답니다. 왜냐하면 엘리베이터가 중력의 힘으로 떨어지므로, 중력과 야구공을 던진 방향을 합한 쪽으로 야구공이 떨어지는 것처럼 보이기 때문입니다.

야구공을 빛으로 바꿔 보세요. 엘리베이터 내부에 있는 아기공룡에게 빛은 곧게 날아가는 것처럼 보이겠지요. 하지만 엘리베이터 밖에 있는 사람에게는 빛이 휘어져서 날아가는 것처럼 보이게 된답니다.

여기에서 중요한 결론이 나왔습니다.

"곧게 날아가는 빛도 휘어진다."

잘 믿어지지 않지요? 하지만 이건 증명된 사실입니다. 이것은 아인슈타인이 알아 냈지요.

이처럼 상식으로는 믿어지지 않는 사실을 밝혀 냈기 때문에, 사람들은 아인슈타인을 가리켜서 위대한 물리학자라고 하는 것입니다.

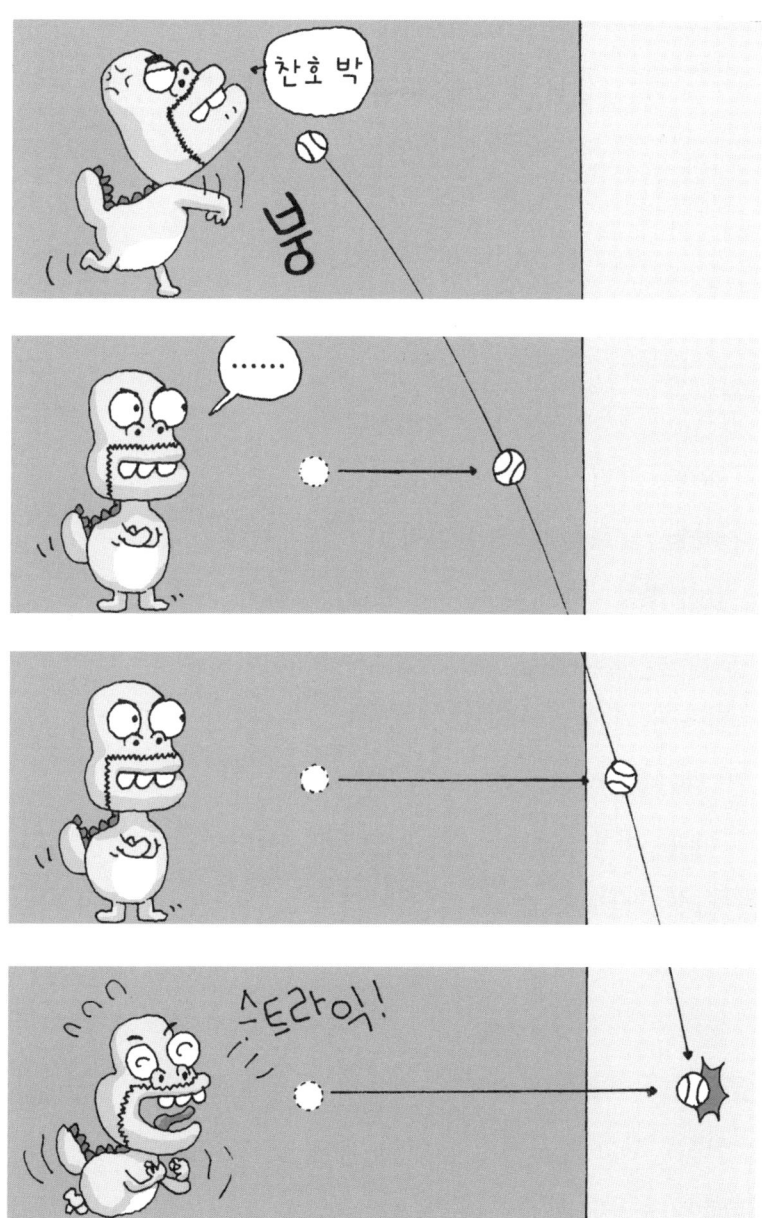

10장

새가 머리에 똥 쌌어요

"요놈, 잡히기만 해 봐라."
"아이구, 걸음아 나 살려라!"
누가 쫓고, 누가 쫓기는 걸까요? 고양이 톰과 생쥐 제리입니다.
걸음아 나 살려라 하고 도망치던 제리가 톰 몰래 재빠르게 부두에 머물러 있는 배에 올라탔습니다.
"어휴, 이제 살았다. 하마터면 잡힐 뻔했어."
제리는 안도의 숨을 내쉬었지만, 그렇게 안심할 때가 아니었습니다. 글쎄, 그 배가 톰의 여자 친구 배였거든요.
톰의 여자 친구는 제리가 자기 배에 탔다고 톰에게 알려 주었습니다. 톰은 제리가 눈치채지 못하도록 여자 친구에게 "안녕!" 하고 인사까지 하면서 배에 올라탔습니다.
배에 올라탄 톰은 잽싸게 운전석으로 달려가, 시동을 걸었습니다.

"아이구, 이거 큰일났네."

제리는 어쩔 줄을 몰랐습니다. 이렇게 되고 보니 이제 도망갈 곳이라고는 바다밖에 없습니다. 하지만 제리는 헤엄을 전혀 치지 못하니 꼼짝없이 배 안에 갇힌 셈이지요.

안절부절못하는 제리의 귀에 톰의 능청스러운 목소리가 들려 왔습니다.

"이봐 제리, 우리 이제 힘들게 뛰어다니지 말자. 너는 더 이상 도망갈 곳도 없잖아? 비록 악연이기는 하지만 너와 나의 질긴 인연을 생각해서 네가 순순히 걸어 나온다면 심하게 다루지는 않으마."

요렇게도 생각해 보고 조렇게도 생각해 봤지만 뾰족한 방법이 떠오르지 않자, 제리는 순순히 톰의 포로가 됐습니다.

매일 제리에게 당하고만 살던 톰이 드디어 그 빚을 한꺼번에 갚아 줄 수 있는 때가 온 것입니다.

"드디어 잡았다. 내가 이런 기회를 얼마나 기다렸는지 알아? 요놈의 생쥐야."

제리는 아무 말도 하지 못했습니다. 제리의 볼에는 눈물이 주르륵 흘러내릴 뿐이었습니다.

천성이 착한 톰이 이것을 보고는 갑자기 마음이 약해지기 시작했습니다.

그 때 톰의 여자 친구가 말했습니다.

"톰, 속지 마! 네 마음이 여리다는 걸 알고 제리가 속임수를 쓰는 거야."

그 말에 톰은 제리를 두 손으로 꽉 움켜쥐었습니다.

"요놈, 그게 정말이냐?"

"아니야, 날 어떻게 보고 그러니?"

제리가 말했습니다.

"아니야 톰, 제리는 널 속이고 있는 거야."

여자 친구의 말을 듣고 톰은 두 손에 힘을 더 주었습니다. 그러자 제리가 악을 썼습니다.

"그래 맞아. 난 널 속인 거야!"

"요놈의 생쥐! 그래도 나는 네가 나보다 작고 약하니까 용서해 주려고 했는데."

흥분한 톰은 제리를 움켜쥐고 배의 돛대 위로 올라갔습니다. 제리는 더더욱 겁이 났습니다.

"톰, 날 어쩌려구?"

겁에 질린 제리가 떨리는 목소리로 말했습니다.

"떨어뜨리려고 그런다."

"제발 그러지 마. 저 아래로 떨어지면 난 죽고 말 거야."

제리가 애원하듯 말했습니다. 그러자 마음이 여린 톰은 또다시 멈칫거렸습니다. 그 때 톰의 여자 친구가 아래에서 소리쳤습니다.

"톰, 용서하면 안 돼! 네가 지금까지 당한 걸 생각해 봐!"

"톰, 제발 살려 줘!"

제리는 애원했습니다.

아, 그런데 이 무슨 운명의 장난인가요? 톰이 이러지도 저러지도 못하고 있는 사이에, 날아가던 새가 톰의 머리에 똥을 싼 것입니다.

"어, 이게 뭐야? 새똥이잖아!"

당황한 톰이 손을 머리로 가져가다가 그만 제리를 놓치고 말았습니다.

"생쥐 살려!"

부두에서는 이 모습을 제리의 여자 친구가 아까부터 조마조마한 마음으로 지켜보고 있었습니다.

여기서 잠깐만!

자, 생각해 볼까요?

부두에서 안타깝게 바라보고 있는 제리의 여자 친구에게,

제리는 어떻게 떨어지는 것처럼 보일까요?

  단, 배는 물결이 잔잔한 바다에서 똑같은 속력으로 왼쪽에서 오른쪽으로 움직이고 있습니다.

  ㉠ 배 아래로 곧게 떨어지는 것처럼 보입니다.

  ㉡ 배 뒤로 곧게 떨어지는 것처럼 보입니다.

  ㉢ 포물선을 그리면서 오른쪽에서 왼쪽으로 떨어지는 것처럼 보입니다.

  ㉣ 포물선을 그리면서 왼쪽에서 오른쪽으로 떨어지는 것처럼 보입니다.

  ㉤ 떨어지는 중간 지점에서 멈춘 것처럼 보입니다.

❓ 궁금증 해결

  배가 가만히 멈춰 있다면, 제리는 곧게 떨어지는 것처럼 보일 것입니다.

  하지만 배가 움직이고 있기 때문에 상황은 달라집니다. 움직이는 배에서 떨어뜨린 물체는 배가 가는 방향으로 힘을 받기 때문이지요.

  제리와 톰이 타고 있는 배는 왼쪽에서 오른쪽으로 움직이고 있습니다. 그러니 제리는 배가 움직이는 방향, 그러니까

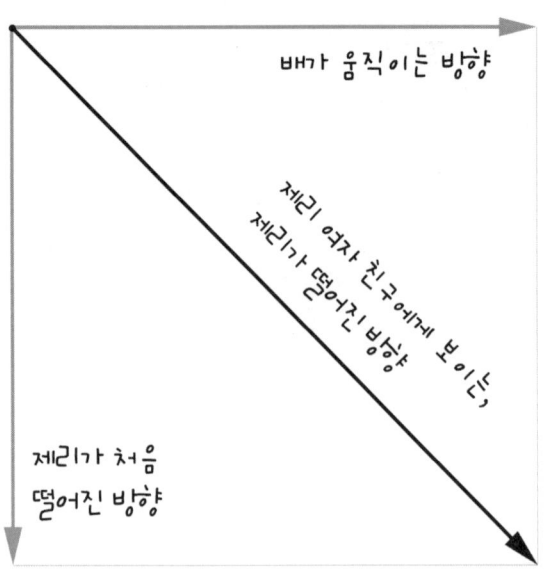

오른쪽으로 밀리는 힘을 받게 된답니다.

그렇다고 제리가 오른쪽으로 가는 힘만 받는 것은 아니지요. 제리가 위에서 아래로 떨어지고 있다는 것은 중력도 함께 받고 있다는 것을 뜻하니까요.

그래서 제리는 아래로 곧게 떨어지는 방향과 배가 움직이는 방향을 합한 방향의 힘을 동시에 받게 되는 것이지요.

그러므로 부두에 있는 여자 친구에게 제리는 왼쪽에서 오른쪽으로 포물선을 그리면서 떨어지는 것처럼 보이게 된답니다.

정답은 ㄹ입니다.

혼자서 생각해보기

부두에 있는 제리의 여자 친구에게, 제리는 배가 나아가는 방향으로 포물선을 그리면서 떨어지는 것처럼 보인다고 했습니다.

그러면 배에 타고 있는 톰과 톰의 여자 친구에게, 제리는 어떻게 떨어지는 것처럼 보일까요?

단, 배는 더 빨라지거나 느려지지 않고 똑같은 속력으로 달리고 있습니다.

㉠ 배 아래로 곧게 떨어지는 것처럼 보입니다.
㉡ 배 앞으로 떨어지는 것처럼 보입니다.
㉢ 배 뒤로 떨어지는 것처럼 보입니다.
㉣ 포물선을 그리면서 떨어지는 것처럼 보입니다.
㉤ 떨어지는 중간 지점에서 멈춘 것처럼 보입니다.

궁금증 해결

제리, 톰, 톰의 여자 친구는 배와 함께 움직이고 있습니다. 이렇게 똑같은 속력으로 움직이고 있는 배에 탄 사람은 아무런 힘도 느끼지 못한답니다.

이것은 달리는 기차에 탄 사람은 자신이 멈춰 있다고 느끼지만, 기차 밖에 서 있는 사람은 그 사람이 움직이고 있다고 느끼는 것과 같은 이치입니다.

이런 이유로 톰과 톰의 여자 친구에게, 제리는 그냥 곧장 아래로 떨어지는 것처럼 보이게 된답니다.

정답은 ㉠입니다.

하나 더 알기

단순하다는 건 사건이나 사물을 명쾌하게 파악할 수 있다는 좋은 점이 있습니다. 그래서 과학자들은 복잡한 것을 단순하게 나타내려고 합니다.

이런 까닭으로 만든 것 가운데 하나가 화살표입니다. 화살표를 사용하면 물체가 움직이는 방향이나 물체의 속력을 쉽게 표시할 수가 있습니다.

앞쪽에서도 제리가 떨어지는 방향과 배가 나아가는 방향을 화살표로 보여 주니까 이해하기 쉬웠잖아요?

또 화살표의 길이로 물체가 얼마나 빨리 움직이는지도 나타낼 수가 있답니다. 물론 화살표의 길이가 길수록 속력은 빠르다는 뜻이지요.

고양이 살려

새가 톰의 머리에 똥을 싸는 바람에 제리가 배 위로 떨어졌지만, 다행히도 제리는 푹신푹신한 대형 튜브가 있는 곳에 떨어졌습니다. 그래서 제리는 한 군데도 다치지 않았습니다. 너무 놀라 기절을 했을 뿐이지요.

하지만 문제는 톰에게 일어났습니다. 톰은 제리가 죽은 줄 알았으니까요. 제리를 떨어뜨려 죽게 했다는 죄책감에 사로잡혀서 톰은 며칠 동안 끙끙 앓고 있는 것입니다.

명의로 소문난 의사에게 진찰을 받아 봤지만, 의사도 명확한 처방을 내려 주지는 못했습니다. 그저 편안하게 마음먹고 쉬어야 한다고만 말해 주었을 뿐입니다.

이렇게 되자 생쥐 제리도 미안한 마음이 들었습니다. 그 동안 톰을 너무나 골탕먹인 것까지도 미안해졌지요.

제리와 톰의 여자 친구는 헛소리를 하고 있는 톰의 곁에서

간호를 했습니다.

"미안해 제리, 내가 정말 잘못했어. 용서해 줘."

톰이 잠꼬대처럼 이렇게 외칠 때마다 제리와 톰의 여자 친구 눈에서는 닭똥 같은 눈물이 주르륵 흘러내리곤 했습니다.

그런데 하루는 혼수 상태에 빠져 있던 톰이 "살려 줘!" 하고 외쳤습니다. 불쌍한 톰이 악몽을 꾸고 있네요.

"누구인고?"

"예, 저는 고양이 톰입니다."

"네가 여기에 왜 왔는지 아느냐?"

"잘 모르겠습니다. 그런데 여기가 어디지요?"

톰의 말이 끝나기가 무섭게, 얼굴이 창백하고 검정색 두루마기를 걸친 저승 사자가 꾸짖었습니다.

"무엄하도다! 감히 염라대왕님께 그런 걸 여쭈어 보다니!"

톰은 놀라지 않을 수 없었습니다. 물론 저승 사자의 얼음장같이 차가운 목소리 때문만은 아니었습니다.

"아니, 염라대왕이라면…… 그렇다면 내가 죽었다는……."

저승 사자는 톰이 놀라는 것에는 아랑곳하지 않은 채, 염라대왕에게 이상한 책자를 펼쳐 보이면서 아뢰었습니다.

"이 곳에 오기 전에 고양이 톰은 생쥐 제리를 돛대 위에서

떨어뜨려 죽게 한, 아주 나쁜 짓을 저질렀사옵니다. 그래서 무거운 벌을 받게 돼 있사옵니다."

"음, 나쁜 짓을 했으면 당연히 벌을 받아야 하고말고."

톰은 험상궂게 생긴 병사들이 한 손에는 칼을 들고, 또 한 손에는 창을 들고 서 있는 곳으로 끌려갔습니다. 세상에 태어나서 이렇게 무섭게 생긴 사람들은 처음이었습니다.

"아, 이럴 줄 알았으면 나쁜 짓을 하지 않는 건데……."

톰은 후회했습니다. 하지만 이제 와서 후회한들 무슨 소용이 있겠어요?

"네 이름이 무엇이냐?"

지옥 문을 지키는 병사가 무섭게 물었습니다.

"토, 톰입니다."

톰은 다 죽어 가는 목소리로 대답했습니다.

"톰이라……. 아, 여기 있구나. 왼쪽 첫 번째 골목으로 들어가거라."

"왼쪽 첫 번째 골목은 무엇을 하는 곳인가요?"

"들어가 보면 알지! 어서 들어가라! 조금이라도 늦으면 더 심한 벌을 받게 되니까."

지옥 문을 열고 들어간 톰이 첫 번째 골목으로 들어서자마자, 소름이 끼칠 만큼 무서운 목소리가 들렸습니다.

"이히히히, 잘 만났다. 네가 바로 고양이 톰이라는 놈이구나. 네놈이 생쥐 제리를 배에서 떨어뜨려 죽게 했다면서?"

"네, 네, 그렇습니다."

무척 어두웠기 때문에, 톰은 그 말을 한 사람이 누구인지 금방 알아차리지 못했습니다. 하지만 곧 어둠에 익숙해지고 나서 톰은 몹시 놀랐습니다. 목소리의 주인공은 사람이 아니라, 바로 쥐였기 때문입니다. 그것도 제리만 한 작은 쥐가 아니라, 몸집이 톰보다 대여섯 배는 됨직한 씨름 선수만큼 큰 쥐였습니다. 그 곳에는 그런 쥐들이 수십 마리나 우글거리고 있었습니다.

이제 톰은 그 곳이 어떤 곳인지 대충 알 것 같았습니다. 그 곳은 지상에서 쥐에게 나쁜 짓을 한 고양이가 벌을 받는 곳이었습니다.

가장 몸집이 큰 쥐가 톰을 번쩍 들었습니다. 그 쥐는 톰을 끌고 커다란 배에 탄 다음 돛대 꼭대기까지 올라갔습니다.

톰은 아래를 내려다보았습니다. 안 그래도 겁에 질렸던 톰은 입에서 비명이 나올 만큼 놀랐습니다. 아래에는 출렁이는 바다 대신 뜨거운 쇳물과 기름이 들끓고 있었거든요.

"톰, 어디에 떨어뜨려 줄까?"

"아무 데도 떨어뜨리지 마세요. 제발 용서해 주세요. 다시는 그런 짓 하지 않을게요. 앞으로는 제리랑 사이 좋게 지낼게요."

"안 돼. 그건 이미 지난 일이야."

"한 번만 용서해 주세요. 저 속에 들어가면 제 몸은 뼈다귀 하나 못 추리는 신세가 된단 말이에요."

"이히히히, 그건 네 사정이지! 우리는 네가 지상에서 나쁜 짓을 한 만큼 벌을 주라는 명령을 받았을 뿐이다."

톰이 계속 살려 달라고 빌자, 가장 험상궂게 생긴 쥐가 말했습니다.

"오늘 이 곳에 온 고양이가 모두 쇳물 속으로 들어갔으니, 이번에는 끓는 기름 속에다 풍덩 빠뜨려 버리자."

"이히히, 좋아, 좋아."

다른 쥐들이 모두 찬성했습니다. 커다란 쥐가 톰을 들고 있던 손을 놓아 버렸습니다.

"고양이 살려!"

순간 톰은 비명을 내지르며, 악몽에서 깨어났습니다.

여기서 잠깐만!

자, 그러면 이 배에 탄 다른 쥐들에게 톰은 어떻게 떨어지

11장_고양이 살려 139

는 것처럼 보일까요? 단, 배는 시간이 흐를수록 점점 빨리 가고 있습니다.

㉠ 배 아래로 곧게 떨어지는 것처럼 보입니다.
㉡ 배 앞으로 떨어지는 것처럼 보입니다.
㉢ 배 뒤로 떨어지는 것처럼 보입니다.
㉣ 배 옆으로 떨어지는 것처럼 보입니다.
㉤ 배 좌우로 흔들흔들 떨어지는 것처럼 보입니다.

❓ 궁금증 해결

배가 똑같은 속력으로 나아갈 때는 배가 나아가는 거리가 같기 때문에, 배에 탄 사람에게는 물체가 곧게 아래로 떨어지는 것처럼 보입니다. 이것은 우리가 앞 이야기에서 이미 배웠지요.

하지만 배의 속력이 점점 빨라지면 상황은 아주 달라진답니다. 물체가 떨어지는 동안에도 배는 전보다 더 많은 거리를 나아갔으므로, 배에 타고 있는 쥐들에게 톰은 배의 뒤쪽으로 떨어지는 것처럼 보이게 되지요.

정답은 ㉢입니다.

😄 혼자서 생각해보기

그러면 톰이 탄 배에 타고 있지 않고 바깥에 서 있는 쥐들에게, 톰은 어떻게 떨어지는 것처럼 보일까요? 단, 배는 왼쪽에서 오른쪽으로 움직이면서 점점 빨리 가고 있습니다.

㉠ 배 아래로 곧게 떨어지는 것처럼 보입니다.

㉡ 배 옆으로 떨어지는 것처럼 보입니다.

㉢ 포물선을 그리면서 오른쪽에서 왼쪽으로 떨어지는 것처럼 보입니다.

㉣ 포물선을 그리면서 왼쪽에서 오른쪽으로 떨어지는 것처럼 보입니다.

㉤ 배 앞뒤로 흔들거리며 떨어지는 것처럼 보입니다.

❓ 궁금증 해결

똑같은 속력으로 움직이는 배에서 떨어뜨린 물체는 배가 진행하는 방향으로 힘을 받는다는 사실을 우리는 이미 배워서 알고 있습니다. 그래서 그 배에 타고 있지 않은 사람이 볼 때, 배에서 떨어진 물체가 포물선을 그리며 배 앞쪽으로 떨어진다는 사실도 이미 알고 있습니다.

이런 결과는 배가 점점 빨라지는 경우에도 똑같이 적용할 수가 있답니다. 다시 말해, 배의 속력이 점점 빨라질 때도 배에서 떨어진 물체는 배의 앞쪽으로 나아가는 힘을 받게 되는 것이지요. 따라서 배에 타지 않은 쥐들에게, 톰은 배가 움직이는 방향으로 포물선을 그리며 떨어지는 것처럼 보이게 된답니다.

차이가 있다면, 배의 속력이 점점 빨라질수록 톰이 떨어지면서 그리는 포물선 모양이 더욱 커지게 될 뿐이지요.

정답은 ㉣입니다.

+1 하나 더 알기

물체의 운동은 관찰하는 위치에 따라서 다르게 보입니다. 운동하는 물체뿐 아니라, 가만히 멈춰 있는 물체도 보는 방향에 따라서 달리 보이지요. 예를 들어, 앞에서 보는 얼굴 모습과 옆에서 보는 얼굴 모습이 다른 것과 마찬가지지요.

이처럼 물체의 운동이 달라져 보이는 것을 '운동의 상대성'이라고 합니다. 사람이나 사물을 대할 때도 한 가지 입장만을 고집하지 말고 여러 가지 각도에서 바라볼 줄 아는 폭넓은 시야가 그래서 필요한 것이겠지요.

여우오줌 과학여행 1

중력이 뭐야?

글쓴이 · 송은영
그린이 · 김영민

초판 발행일 · 2002년 6월 5일
3판 1쇄 발행일 · 2012년 10월 25일

펴낸이 · 손상열
펴낸곳 · 여우오줌출판사
출판 등록 · 2001년 7월 31일 제10-2193호
주소 · 서울시 구로구 구로 5동 107-8 미주오피스텔 2동 808호
전화 · 02) 869-7241
전송 · 02) 869-7244
전자 우편 · foxshe@hanmail.net

ⓒ 송은영, 2002

ISBN 89-90031-55-6 73420